TRIBUNAL CIVIL DE LA SEINE

AUDIENCE DU 4 AVRIL 1900

AFFAIRE DES BOUCHERS DE LA VILLETTE

CONTRE

MM. WALDECK-ROUSSEAU, *Président du Conseil des Ministres, Ministre de l'Intérieur.*

LÉPINE, *Préfet de Police.*

CHAPEL ET AUTRES, *Commissaires de Police.*

PLAIDOIRIES DE Mes TAVERNIER & HENRY BONNET

AVOCATS A LA COUR D'APPEL

AFFAIRE DES BOUCHERS DE LA VILLETTE

Dans la nuit du 11 au 12 août 1899, 75 personnes furent arrêtées, par ordre de M. le Ministre de l'Intérieur, Président du Conseil des Ministres, sous inculpation de complot.

Au nombre de ces personnes, se trouvaient MM. Maillard, Lefebvre, Alphonse Violet, Dorinckx Alexandre, Dorinckx Adolphe-Eugène, Dorinckx Jean-Baptiste et Dorinckx Edouard.

Retenus en prison pendant 20, 28 ou 38 jours, sans que l'apparence d'une charge ait pu être relevée contre eux, ils ont assigné devant le tribunal civil de la Seine MM. Waldeck-Rousseau, Ministre de l'Intérieur, Lépine, Préfet de police et les différents commissaires qui avaient procédé à leur arrestation. Ils réclamaient chacun, pour réparation du préjudice qui leur avait été causé, 25,000 francs de dommages-intérêts.

Au nom des défendeurs, on a soutenu que le tribunal était incompétent pour connaître des demandes dont il était saisi.

L'affaire a été plaidée le 4 avril 1900. Me Tavernier a plaidé pour Maillard, Me Henry Bonnet pour Lefebvre et Alphonse Violet et Me Faye pour les frères Dorinckx.

PLAIDOIRIE DE Me TAVERNIER

MESSIEURS,

Le Tribunal se souvient peut-être — car ces évenements sont déjà lointains — que le 12 août dernier l'émotion fut profonde à Paris lorsqu'on apprit au réveil, que dans la nuit précédente, par ordre de M. Waldeck-Rousseau, ministre de l'Intérieur, M. le Préfet de Police avait mobilisé toute une armée de commissaires et d'agents, que des perquisitions nombreuses avaient été pratiquées et qu'on avait opéré ou tenté d'opérer l'arrestation de 75 citoyens parfaitement honorables.

On se demandait si l'on vivait encore sous un régime de garanties constitutionnelles et de liberté, ou si l'on nous ramenait aux mesures dictatoriales du 2 Décembre et de la loi de sûreté générale ; on se demandait, non moins anxieusement, au profit de quelle combinaison politique se trouvait ainsi renouée la chaîne des traditions brisées le 4 Septembre 1870.

On fut rassuré bientôt sur le loyalisme de M. le Président du Conseil : il avait simplement, par un acte de vigueur, sauvé le régime actuel menacé dans sa forme républicaine par la Jeunesse Royaliste, menacé dans sa forme parlementaire par la Ligue des Patriotes, et, comment dirai-je pour n'offenser personne ?... menacé dans une autre de ses formes par les groupements anti-sémites.

Au nombre des personnes arrêtées se trouvaient douze bouchers de La Villette. Ils étaient, ceux-là, de bonne prise : électeurs présumés du comte de Sabran — duquel la plupart n'appartiennent pourtant pas à la circonscription ; — anciens amis, disait-on, de Morès — qu'ils n'avaient jamais connu ; — prétendus gardes du corps de Jules Guérin — avec lequel ils avaient cependant négligé de s'enfermer rue de Chabrol ; — au demeurant de très beaux hommes, de haute taille et de vigueur physique peu commune, bref des conspirateurs redoutables sur lesquels s'était appesantie la main de M. le Président du Conseil pour étouffer l'émeute en son germe et réduire les forces de l'insurrection menaçante.

Messieurs, je ne me permettrai certainement pas de mettre en doute l'existence et la réalité du complot qu'il s'agissait de poursuivre : d'abord parce que je professe un infini respect pour cette pauvre chose jugée qui a vu depuis quelque temps diminuer dans des proportions si regrettables le nombre de ses fidèles ; et puis, n'est-ce pas une évidente vérité, une vérité confirmée par des exemples historiques, qu'en matière politique on ne saurait avoir de juges plus clairvoyants sinon moins passionnés, que ses adversaires ? — Mais, si le complot existait, il faut convenir que le nombre des conspirateurs avait été singulièrement exagéré : sur 75 personnes arrêtées, 22 seulement furent renvoyées devant la commission d'instruction de la Haute-Cour, et sur les 17 accusés qui furent définitivement traduits devant elle, la Haute-Cour n'en a condamné que 5.

Tous les bouchers de La Villette avaient été mis en liberté dès avant la convocation de la Haute-Cour, tous au plus tard le 18 septembre, avaient bénéficié d'ordonnances de non-lieu. Il y en a 7 aujourd'hui qui se présentent devant vous pour demander réparation du préjudice qu'ils ont éprouvé.

Il faut bien comprendre leur situation, et nos adversaires ont tort de nous accuser de faire ici un procès politique : ceux pour qui nous plaidons ne sont pas des hommes politiques, ils n'ont pas, comme d'autres, l'espérance des représailles prochaines ou la consolation d'avoir été les martyrs de leur cause ; ce sont des humbles, des petits, des laborieux qui ont souffert, souffert dans leurs intérêts, souffert dans leur dignité de citoyens, souffert dans leur liberté, dans leur considération, dans la paix troublée de leur vie de famille, qui ne comprennent pas encore à l'heure actuelle comment et par suite de quelles circonstances ils ont été les victimes des combinaisons gouvernementales et policières de M. le Président du conseil des ministres.

Eh bien, Messieurs, à ces hommes qui se présentent devant vous et qui demandent justice, on oppose une exception d'incompétence. On a violé le droit et maintenant on ne veut pas que nous ayons des juges ! C'est la logique de l'arbitraire.

Nous avons pensé, mon confrère Bonnet et moi, que pour apprécier la valeur de cette exception il était nécessaire pour le Tribunal de connaitre de la façon la plus précise le caractère et la nature des mesures qui avaient été prises contre nos clients ; nous nous sommes adressés à M. le Procureur Général pour demander la communication des dossiers de non-lieu. M. le Procureur Général a eu la bonté de nous fournir la preuve la plus décisive du caractère arbitraire qu'ont eu les arrestations : il nous a refusé la communication des dossiers. Il a donc été décidé que jamais ces hommes, même depuis leur mise en liberté, même depuis la décision qui est intervenue en leur faveur, ne connaitraient les charges qui avaient pesé sur eux. Voici la lettre qui nous a été adressée, à Me Bonnet et à moi.

Parquet
du
Tribunal de Première Instance
du
Département de la Seine.

Paris, le 10 février 1900.

« Monsieur et cher Maître,

» Conformément aux instructions qui me sont données par » M. le Procureur Général, j'ai l'honneur de vous faire connaitre » que l'autorisation que vous aviez sollicitée de prendre connais- » sance des pièces déposées au greffe de la Haute-Cour de » Justice ne peut vous être accordée.

» Agréez, etc..... »

Pr le Procureur de la République, *(Signé)* : X.

Si, d'aventure, je m'étais trompé sur les intentions vraies de M. le Procureur Général, et s'il a voulu — ce que je ne suppose pas — se montrer secourable au Ministre de l'Intérieur et au Préfet de Police, il faut convenir que la précaution était pour le moins inutile : Tous les dossiers de non-lieu ont été entre les mains des avocats de la Haute-Cour, et nous produisons des copies parfaitement sincères des pièces qui figurent aux dossiers. Il vous appartiendra, si vous voulez en contrôler l'exactitude matérielle, de demander les dossiers, vous pourrez les consulter dans la chambre du conseil, et puisqu'il faut tout prévoir, nous nous engageons à faire des démarches auprès de la Ligue des Droits de l'homme et du citoyen pour qu'elle ne considère pas cette instruction secrète comme une violation des droits de la défense...

Messieurs, mon client, M. Paul-Jules Maillard est âgé de 26 ans, il est marié, il a un enfant ; il est premier garçon aux Abattoirs, et gagne 400 francs par mois ; il demeure 5, route de Flandre, à Aubervilliers. Je dois également vous faire connaître qu'il a ois frères, demeurant 3 et 5, route de Flandre. Or, le 11 août, M. le Préfet de Police a décerné contre les quatre frères Maillard des mandats de perquisition et d'arrestation en vertu de l'art. 10 C. ins. C., et ce, pour complot. Il importe que je place sous vos yeux le texte du mandat, parce que c'est sur la nature de cette pièce que vous aurez à vous prononcer. Ce mandat porte la date du 11 août 1899, il est ainsi conçu : (1)

République Française
—
Préfecture de Police
—
Cabinet   Paris, le   187 .
—
(Mandat de perquisition et d'amener).

« Nous, Préfet de Police,
» Vu les renseignements à nous parvenus, desquels il résulte
» que le nommé Maillard Jules-Paul a formé avec diverses autres

(1) Haute-Cour. — Dossiers de non-lieu. — Cote 31. Pièce 6.

» personnes un complot ayant pour but de changer le Gouver-
» nement, crime prévu et puni par les art. 87 et 89 C. P.

> » En vertu de l'art. 10 C. Ins. Cr.

> » Mandons et ordonnons, etc...

>> » Fait à Paris le 11 août 1899.

Le Préfet de Police,
Signé : LÉPINE ».

Je prie le Tribunal de vouloir bien remarquer que le mandat vise uniquement l'art. 10 C. Ins. Cr. et qu'aucune allusion n'est faite aux instructions que M. le Préfet de Police aurait reçues du Ministre de l'Intérieur, Président du Conseil.

C'est en vertu de ce mandat que M. Chapel, commissaire de police des Ternes, a procédé à l'arrestation de M. Paul Maillard. Ses trois frères n'ont pas été arrêtés : l'un se trouvait au service militaire depuis plus d'un an, un autre avait découché, et le troisième n'avait que 14 ans, si bien que le commissaire de police a reculé devant l'exécution contre ce dernier.

A quelle heure l'arrestation a-t-elle été faite? Il n'y a pas de doute : entre deux heures et demie et trois heures du matin. Je sais bien que le procès-verbal d'exécution du mandat dressé par M. Chapel, à la date du 12 août, porte ceci : (1)

« Nous rendons *à l'heure légale* au domicile de M. Maillard.»

Mais cette mention est fausse, et j'en trouve la preuve dans le procès-verbal d'exécution qu'un autre commissaire de police a dressé le même jour (2). M. Bottelier-Lasquin, commissaire de police du quartier Saint-Ambroise, avait été chargé d'arrêter deux des frères de M. Paul Maillard, il s'est rencontré avec M. Chapel, et lui, qui a fait une opération infructueuse, il en a mentionné l'heure. Il dit en effet qu'il est arrivé *à deux heures et demie* du matin, puis il constate que son collègue M. Chapel a mis en état d'arrestation M. Jules-Paul Maillard, après quoi lui, Bottelier, s'est rendu *à trois heures et demie* du matin dans un autre endroit.

Il résulte donc du procès-verbal de M. Bottelier que l'arres-

(1) Haute Cour. — Dossier de non-lieu. — Cote 31. Pièce 7.

(2) Id. — Pièce 2.

tation que M. Chapel prétend avoir faite à quatre heures a été effectuée entre deux heures et demie et trois heures et demie du matin.

Comment M. Chapel s'est-il introduit au domicile de M. Maillard? Nous avons dit « par surprise »; on a frappé, on a dit qu'on venait pour une affaire de l'Abattoir, on s'est fait, sous ce prétexte, ouvrir la porte et c'est seulement alors qu'on a exécuté le mandat; on s'est bien gardé d'en donner copie et on s'est livré à la perquisition ordonnée par le Préfet de Police.

C'est d'ailleurs dans des conditions d'illégalité à peu près identiques qu'ont été opérées toutes les perquisitions et arrestations de la nuit du 12 août.

Puis a commencé pour mon client une promenade agréable à travers Paris. M. Chapel a dit à Maillard que le poste de la rue de Cambrai étant très encombré, il lui proposait d'aller au commissariat des Ternes. Il lui a dit : Je vais vous traiter humainement, nous allons prendre un flacre, vous en paierez la moitié... Maillard a consenti, et le flacre les a conduits d'abord au commissariat des Ternes, puis au Dépôt; Maillard a donné trois francs au cocher, le commissaire de police a bien voulu se charger du surplus.

Vers le soir du même jour, on a procédé à l'interrogatoire d'identité; M. Fabre, juge d'instruction, a interrogé Maillard, purement et simplement pour la forme, et a signé un mandat de dépôt. Le lendemain, Maillard était écroué à la prison de la Santé, dans un état de désespoir dont vous ne vous faites pas d'idée : il est étranger à toute espèce de politique, il n'a jamais assisté à une réunion quelconque, c'est un travailleur, un père de famille, un homme qui ne sort pas de chez lui; il a vu Déroulède pour la première fois en montant avec lui dans la voiture cellulaire qui les a conduits à la Santé. Ne comprenant pas le motif de sa détention, il n'en prévoyait pas le terme et se croyait perdu. Le 21 août, Maillard demanda sa mise en liberté provisoire et son avocat remit au juge d'instruction la lettre suivante :

« Monsieur le Juge,

» Je prends la liberté d'attirer votre attention sur le cas

» particulier de mon client Paul-Jules Maillard, inculpé de
» complot et détenu préventivement à la Santé.

» Maillard, qui est âgé de vingt-cinq ans, marié et père de
» famille, a été arrêté illégalement, le 21 août, à son domicile à
» Aubervilliers, à 2 h. 1/2 du matin.

» ...... Il ne fait partie d'aucune ligue, d'aucun comité. Il n'a
» jamais eu l'honneur ou commis le crime d'entretenir des
» rapports quelconques, soit avec Morès, soit avec MM. Derou-
» lède, Guérin ou de Sabran.

» C'est ce qui résulte des documents ci-joints : 1° Une décla-
» ration de M. Egasse, marchand boucher en gros, patron de
» Maillard ; — 2° Deux déclarations collectives signées par un
» adjoint au maire d'Aubervilliers, plusieurs conseillers munici-
» paux et un grand nombre de notables de cette commune.

» C'est ce qui d'ailleurs eût été constaté sans peine si l'on
» avait jugé à propos de s'informer avant de procéder à l'arres-
» tation.

» Cependant les investigations auxquelles vous avez à vous
» livrer pour réunir les fils du complot que vous êtes chargé
» d'instruire seront nécessairement laborieuses et de longue
» durée. — Il est donc de toute justice, que sans en attendre le
» résultat, vous procédiez dès maintenant à la vérification de
» l'erreur que je vous signale et que vous mettiez fin à la déten-
» tion arbitraire que mon client subit depuis dix jours.

» ...... Je fais en son nom et contre qui de droit, toutes
» réserves au sujet des réparations qui lui sont dues. »

La demande de mise en liberté provisoire qui figure au
dossier, porte la date du 22 août ; à la suite se trouve une
ordonnance de soit-communiqué, puis un réquisitoire écrit de la
main même de M. Bulot et dont voici les termes : (1)

« Vu par le Procureur de la République, qui, considérant
» qu'en l'état de l'information il y a inconvénient à faire droit à
» la demande de Maillard, qui pourrait faire disparaître des
» pièces utiles à la manifestation de la vérité et se joindre aux

(1) Haute Cour. — Dossiers de non-lieu. — Cote 31. Pièce 12.

» amis de Jules Guérin pour s'opposer à l'exécution du mandat
» décerné contre ce dernier. »

« S'oppose à ce qu'il soit fait droit à la requête de Maillard
» Jules-Paul. »

A cette époque, Messieurs, Jules Guérin était enfermé, toute
une armée veillait à ses portes, et on ne comprend pas très bien
comment le malheureux Maillard aurait pu pénétrer jusqu'à lui
et renforcer la garnison du Fort Chabrol. Quoi qu'il en soit, ce
réquisitoire fut suivi du rejet de la demande de mise en liberté
provisoire. Ce fut seulement le 28 août, après des démarches
réitérées que le juge accorda la mise en liberté provisoire (1);
M. Maillard avait subi une détention de 16 jours. Un peu plus
tard, le 16 septembre, intervint en sa faveur une ordonnance de
non-lieu (2).

Or, jusqu'à cette date, jamais, à aucun moment depuis
l'ouverture de l'instruction, à part le jour où il avait comparu
devant M. Fabre pour la constatation de son identité, Maillard
n'avait été interrogé. Jamais il n'a connu les charges qui
pesaient sur lui; et il lui paraissait bien étrange d'avoir pu être
ainsi compromis et arrêté quand rien dans ses antécédents ne
décelait un conspirateur.

Quelles étaient ces charges? Nous les connaissons maintenant:
Il y a au dossier deux feuilles de papier écrites à la machine,
sans signature, sans indication d'origine, sans transmission au
Parquet, et ce que contiennent ces deux feuilles de papier est
vraiment pour surprendre ceux qui seraient tentés de croire qu'en
France, il y a des garanties pour la liberté individuelle. La
première de ces notes informes, est sans date: elle est ainsi
conçue : (3)

« Maillard, Jules-Paul, né à Pantin le 13 septembre 1873,
» travaille aux abattoirs de la La Villette avec ses trois frères,
» Émile-Gustave, Émile-Joseph et Julien, et son père Jean-Baptiste,

(1) Haute Cour. — Dossiers de non-lieu. — Cote 31.
(2) Id.
(3) Id. — Pièce 23.

» dit le Beau-Blond, tous demeurant route de Flandre 3 et 5 à
» Aubervilliers. C'est un homme de haute taille ainsi du reste
» que ses frères, anti-sémite, habitué des réunions et manifesta-
» tions de la Ligue; il a également accompagné Guérin en
» diverses circonstances dans les manifestations sur la voie
» publique, notamment le 23 février 1899 aux obsèques du Prési-
» dent Félix Faure; il se trouvait avec cet agitateur lorsque
» Déroulède a fait sa tentative d'embauchage militaire; on l'a vu
» également à la salle Chaynes le 20 février et le 26 mars dernier,
» et à la salle des Mille Colonnes le 6 mai. Il accompagnait
» Guérin à qui avec plusieurs autres bouchers de la Villette, il
» servait de garde du corps. Il est inscrit aux liste électorales
» de la Seine et jusqu'à ce jour il n'a pas d'antécédents judi-
» ciaires. »

Ainsi les charges contre M. Maillard consistaient dans ses
opinions anti-sémites, et dans l'imputation d'avoir à plusieurs
reprises assisté à des réunions publiques — on ne dit pas quel
rôle il avait pu y jouer — de s'être trouvé avec Jules Guérin aux
obsèques de M. le Président Félix Faure, sans qu'il fût articulé
d'ailleurs qu'il eût pris une part quelconque, à quelque tentative
d'émeute ou à des manifestations sur la voie publique.

Et c'est sur ce rapport informe, non signé, dont la Préfecture
de Police elle-même rougit puisqu'elle ne le transmet pas, puisqu'à l'heure actuelle elle peut dire qu'il n'émane pas d'un de ses
agents, c'est sur cette pièce que M. Maillard a été arrêté.

Plus tard, lorsqu'une attestation émanée de 40 personnes,
notables commerçants, adjoint au maire, conseillers municipaux
de la commune d'Aubervilliers, parvint à M. le Juge d'Instruction,
je ne crois pas qu'il ait envoyé une commission rogatoire, mais
il a demandé du moins à la Préfecture de police de faire prendre
de nouveaux renseignements. Alors est arrivée la seconde feuille,
qui porte une date, celle du 28 août 1899; au crayon rouge, le
juge a mentionné : « Rapport émanant de la Préfecture de police,
reçu le 28 août 1899 »; mais cette pièce ne porte elle-même ni
signature, ni trace de transmission ou d'origine; la voici : (1)

(1) Haute-Cour. — Dossiers de non-lieu. — Cote 31.

Paris, le 28 août 1899.

Au crayon : *Rapport émanant de la Préfecture de Police,
reçu le 28 août 1899.*

« D'après l'enquête à laquelle je viens de faire procéder, il
» paraît en effet y avoir eu confusion dans l'attribution de cer-
» tains faits au nommé Maillard (Jules-Paul) récemment arrêté.
» Cet individu, qui est employé aux Abattoirs de la Villette,
» travaille régulièrement dans l'échaudoir de M. Egasse.
» Cet échaudoir est assez rapproché de celui de M. Dumay,
» le patron boucher impliqué dans les poursuites pour complot
» et également détenu.
» Jules-Paul Maillard a été vu maintes fois en compagnie
» des bouchers qui travaillent dans cet échaudoir ou qui viennent
» y voir Dumay qui, comme on le sait, exerce dans ce milieu
» une assez grande influence politique et a disposé au profit de
» Jules Guérin et du comte Pontevès de Sabran d'une clientèle de
» gens déterminés et d'une force herculéenne destinés à leur
» servir de gardes du corps. »

C'est admirable, Messieurs, comme la force des garçons bouchers inspire aux rédacteurs de ces rapports une terreur, qui
dans la circonstance actuelle, n'a malheureusement pas été
salutaire.

« Ces individus sont connus dans les réunions ou les mani-
» festations sous l'appellation de « Bouchers de la Villette ».
» Cette fréquentation avec des amis de Dumay a fait croire, à
» tort, que Maillard était un de leurs compagnons ; on croit qu'il
» approuve leurs idées, mais il n'a pu être établi que jusqu'à ce
» jour il ait participé avec eux à des manifestations. Son père,
» Jean-Baptiste, et ses frères, Emile-Gustave et Emile-Ernest » —
on ne parle plus du petit garçon de 14 ans — « ne paraissent
» pas davantage avoir été mêlés d'une façon active au mouve-
» ment royaliste et antisémite. Leur homonyme qui aurait été
» vu dans des réunions avec Dumay et Guérin, serait plutôt un
» nommé H. Maillard, âgé de 55 ans environ, qui possède un

» petit atelier de sculpture au nº 86 de la rue des Orteaux, non
» loin des fortifications, et qui loge 43, rue Morand, dans une
» chambre que lui sous-loue un charbonnier-marchand de vins
» établi à cette adresse. C'est un ancien révolutionnaire qui a
» été acquis aux idées antisémites par le marquis de Morès. Lui-
» même se vante d'avoir pris part ces dernières années aux
» manifestations organisées par ses amis Dumay et Guérin dont
» il se dit l'admirateur passionné ; il aurait manifesté son éton-
» nement de n'avoir pas été compris dans les poursuites et
» aurait déclaré qu'il aurait été très fier d'être arrêté. — Depuis
» quelques jours, il fait des démarches auprès de quelques
» socialistes du 20e arrondissement pour les décider à intervenir
» en faveur des bouchers de la Villette qui sont incarcérés,
» notamment en faveur de Dumay. »

Ainsi, c'est entendu, on a cherché à arrêter quatre Maillard,
de 26 à 14 ans, garçons bouchers, habitant Aubervilliers, parce
qu'on les a confondus avec un Maillard, sculpteur dans la rue des
Orteaux, âgé de 55 ans, qui n'avait d'ailleurs commis d'autre
crime que d'être un ami de Morès et d'avoir manifesté sa sym-
pathie pour Guérin !

Tels sont, Messieurs, les faits à raison desquels mon client
demande à M. le Ministre de l'Intérieur, à M. le Préfet de Police
et à M. Chapel, commissaire de police, une somme de 25.000 fr.
de dommages-intérêts.

Nos adversaires s'étonnent de ce que notre assignation soit
décernée conjointement et solidairement contre les trois personnes
que nous avons mises en cause. On nous dit : C'est peut-être une
clause de style. Mais, pas du tout !

On nous dit encore : C'est une situation indivisible que vous
avez voulu créer. — Pas davantage. Nous vous avons assignés
conjointement et solidairement parce que nous vous considérons
comme coauteurs du même quasi-délit, c'est-à-dire comme ayant
pris part au même fait dommageable, ou comme ayant concouru
par des faits distincts au même dommage. Nous avons spé-
cifié quelle était la participation de chacun de vous dans les
faits qui motivent notre demande ; nous avons dit — je ne donne

pas de nouveau lecture au tribunal de l'assignation : — Le commissaire de police est responsable d'avoir procédé la nuit et par surprise, de n'avoir pas délivré copie du mandat, de n'avoir pas pris de renseignements avant d'opérer l'arrestation ; le Préfet de Police est responsable d'avoir fait procéder légèrement à des arrestations arbitraires, sans enquête préalable, sur des renseignements qui émanaient de sources tout à fait impures ; enfin le Ministre de l'Intérieur est responsable d'avoir prescrit au Préfet de Police de procéder à ces arrestations en même temps qu'à tout un ensemble de mesures de même nature qui ont été prises au hasard, sans discernement, sans indices sérieux de culpabilité, sans désigner même d'une façon précise ceux qu'on voulait arrêter.

J'ajoute — ce n'est pas dans l'assignation — que la faute la plus considérable du Ministre de l'Intérieur est précisément d'avoir fait procéder à ces arrestations par le Préfet de Police. Voyons, il y avait plus d'un mois que les poursuites étaient décidées — c'est le Procureur Général qui l'a déclaré devant la Haute-Cour ; — mettons que la décision n'ait été prise que le 11 août ; le Procureur de la République — il l'a déclaré (1) — avait

_____

(1) Haute-Cour. Audience du 13 décembre 1899. L'Éclair, n° du 14 déc. 1899). — M. BULOT : *Sur interpellation de M⁰ Lagache :* — Parfaitement : c'est l'histoire de l'ouverture de l'information ; cela demande deux mots. Le préfet de police, d'accord avec M. le Ministre de l'Intérieur et — je ne l'ignorais pas — agissant en vertu de l'art. 10 du Code d'instruction criminelle, a procédé dans la nuit du 11 au 12 août, ou plutôt dans la matinée du 12 après quatre heures, aux arrestations que la Cour connaît..... Si vous me demandez pourquoi j'ai daté l'heure de mon réquisitoire, c'est le moment de vous le dire : c'est parce que j'avais prévenu M. le préfet de police qu'au moment où il me saisirait en m'envoyant les procès-verbaux qu'il faisait dresser, j'ouvrirais une information, qu'à partir de ce moment, tout acte fait par ses agents pourrait être taxé d'irrégulier et qu'il fallait qu'il donnât à ses agents des instructions formelles pour qu'à partir du moment où je serais saisi ceux-ci ne fissent plus rien.....

M⁰ LAGACHE. — M. le procureur de la République, alors, pourra peut-être nous expliquer le point suivant : puisque, dès le 11 août, il était décidé qu'une instruction était ouverte contre ceux qui étaient arrêtés en vertu du mandat de M. le Préfet de Police, pourquoi cette instruction n'a-t-elle pas été ouverte le 11 août même et pourquoi a-t-on fait agir la préfecture de Police ?

M. BULOT. — Cela touche au secret professionnel et je ne répondrai pas à la question.

prévenu le Préfet de Police que l'instruction serait ouverte le lendemain à 9 heures trois quarts du matin : par conséquent en attendant jusqu'au lendemain matin, c'est au juge d'instruction que serait revenue la responsabilité des arrestations à prescrire. Donc, si vous, Ministre de l'Intérieur, vous vous êtes adressé au Préfet de Police, le motif en est évident et bien simple : c'est parce que vous aviez peur de ne pas obtenir d'un magistrat, sur des charges comme celles qui sont au dossier, les mandats d'amener qui vous étaient nécessaires ; c'est parce qu'il vous fallait des arrestations irrégulières, des arrestations nombreuses, des arrestations nocturnes, c'est parce que vous avez voulu frapper de terreur par ces arrestations les quartiers populeux où l'on ne vous aime pas. Il y a là une faute personnelle au Ministre de l'Intérieur, à laquelle le Préfet de Police a concouru et qui engage la responsabilité de l'un et de l'autre.

Ces faits, Messieurs, constituent aux termes du Code Pénal et des Constitutions qui nous régissent, s'ils ont été commis avec une intention coupable, des attentats à la liberté individuelle. Il est de principe depuis la Constitution du 3 septembre 1791 ou plutôt depuis la Déclaration des droits de l'homme qui sert de préambule à cette Constitution, que « nul homme ne peut être accusé, arrêté ni prévenu que dans les cas déterminés par la loi et selon les formes qu'elle a prescrites. » L'arrestation arbitraire, la détention illégale sont qualifiées crimes par les art. 114 et 115 du Code pénal, lesquels sont ainsi conçus :

« Art. 114 : Lorsqu'un fonctionnaire public, un agent ou un » préposé du gouvernement aura ordonné ou fait quelque acte » arbitraire ou attentatoire soit à la liberté individuelle, soit aux » droits civiques d'un ou de plusieurs citoyens, soit à la Charte, » il sera condamné à la peine de la dégradation civique. Si néan- » moins il justifie qu'il a agi par ordre de ses supérieurs pour » des objets du ressort de ceux-ci, sur lesquels il leur était dû » obéissance hiérarchique, il sera exempt de la peine, laquelle » sera, dans ce cas, appliquée seulement aux supérieurs qui » auront donné l'ordre. »

« Art. 115 : Si c'est un ministre qui a ordonné ou fait les » actes ou l'un des actes mentionnés en l'article précédent, et » si, après les invitations mentionnées dans les art. 63 et 67 du

» sénatus-consulte du 28 floréal an XII il a refusé ou négligé de
» faire réparer ces actes dans les délais fixés par ledit acte, il
» sera puni de bannissement. »

Enfin l'art. 117 consacre d'une façon précise le principe général, ou plutôt fait une application particulière au cas des fonctionnaires et des ministres, du principe posé dans l'art. 1382
C. civ. ; l'art. 117 porte :

« Les dommages-intérêts qui pourraient être prononcés à
» raison des attentats exprimés dans l'art. 114 seront demandés,
» soit sur la poursuite criminelle, soit par la voie civile, et
» seront réglés, eu égard aux personnes, aux circonstances et
» au préjudice souffert, sans qu'en aucun cas, et quel que soit
» l'individu lésé, lesdits dommages-intérêts puissent être au-
» dessous de vingt-cinq francs pour chaque jour de détention
» illégale et arbitraire et pour chaque individu. »

Voici donc un cas particulier, — et c'est le nôtre, — où la
loi pénale détermine le chiffre minimum de l'indemnité qui pourra
être poursuivie par l'action civile, soit accessoirement à l'action
publique, soit séparément, et spécifie qu'en aucun cas le chiffre
de cette indemnité ne pourra être inférieur à 25 francs par jour.

Cette sollicitude particulière de la loi se justifie pleinement (1).

« La liberté, disent MM. Chauveau et Hélie (1), est de tous
» les devoirs de l'homme le plus important et le plus précieux :
» sa conservation est le but principal de toutes les associations
» humaines. L'arrestation est par elle seule, et indépendamment
» de ses suites, une peine grave ; elle trouble l'existence de la
» famille, elle flétrit la dignité du citoyen, elle compromet son
» industrie et sa fortune. Le droit d'ordonner cette arrestation,
» ce droit dont l'usage exerce une influence si fatale, dont l'abus
» serait terrible, ne saurait donc être trop rigoureusement défini,
» trop soigneusement organisé par la loi. »

Admettons, si l'on veut, que les actes arbitraires dont Maillard
se plaint, ne sont pas susceptibles d'être qualifiés crimes parce
qu'il y manque l'élément intentionnel, ils constituent tout au
moins un quasi-délit, une faute civile engageant la resposabilité
dans les termes du droit commun et motivant par conséquent

(1) Théorie du Code pénal, Ed. 1887. T. 2, p. 193.

l'action dirigée devant le Tribunal contre le Préfet de Police, le Ministre de l'Intérieur et les commissaires de police.

Le Tribunal est-il compétent pour statuer sur cette demande?

En vérité, la question paraît singulière en présence d'un texte aussi précis que celui de l'art. 117. Je reconnais que vous êtes obligés d'apprécier pour prononcer sur notre demande, le caractère des faits de perquisition, d'arrestation et de détention qui sont relevés contre les défendeurs. Votre compétence, je le reconnais sans peine et il ne peut pas y avoir de discussion à cet égard, est entièrement subordonnée au principe de la séparation des pouvoirs. Il est parfaitement entendu que l'abrogation de l'art. 75 de la Constitution de l'an VIII n'a pas fait disparaître les principes constitutionnels qui résultent de la loi des 16-24 août 1790 et du décret du 16 Fructidor an III. Aujourd'hui comme autrefois, il est incontestable « que les juges ne peuvent, à peine de forfaiture, troubler, de quelque manière que ce soit, les opérations des corps administratifs, ni citer devant eux les administrateurs à raison de leurs fonctions. » On doit tenir pour toujours en vigueur « ces défenses itératives » que le décret de l'an 3 fait « aux tribunaux de connaître des actes d'administration de quelque espèce qu'ils soient. » Dès lors, votre compétence, subordonnée au principe constitutionnel de la séparation des pouvoirs, dépend uniquement de la nature des faits qui sont visés dans l'assignation : Si ce sont des actes de gouvernement — et c'est la thèse de mon confrère Faure, avocat du ministre de l'Intérieur — il n'y a pas de recours, c'est entendu, devant aucune juridiction contentieuse ; si ce sont des actes administratifs, nous avons un recours, mais pas devant vous, nous avons un recours devant la juridiction administrative.

Mais, Messieurs, si les actes que nous reprochons aux adversaires sont des actes de police judiciaire légalement accomplis, ou si ce sont, comme nous le prétendons, des crimes ou des quasi-délits, des actes arbitraires, de simples voies de fait, dans les deux cas, que l'acte de police judiciaire soit légal ou que les administrateurs qui y ont procédé aient excédé leurs pouvoirs, qu'il y ait de leur part, une faute personnelle, un quasi-délit,

...

vous êtes absolument compétents. Il n'y aura de différence qu'au point de vue de la décision à intervenir sur le fond : si l'acte est légal, vous direz qu'il n'y a pas de faute ni de préjudice ; si au contraire il s'agit d'un quasi-délit, vous nous donnerez satisfaction.

Je résume ici une jurisprudence absolument constante et je ne vous donnerai pas lecture de tous les documents qui sont dans mon dossier : il est de doctrine et de jurisprudence que les actes accomplis par le Préfet en vertu de l'art. 10 C. Ins. Cr. sont des actes de police judiciaire dont l'appréciation appartient à la juridiction civile.

Voici les deux considérations d'où résulte cette solution :

D'une part, le Préfet de police n'est pas un officier de police judiciaire. En effet, les Préfets ne sont pas compris dans l'énumération des officiers de police judiciaire que donne l'art. 8 C. Ins. Cr., ils agissent toujours comme fonctionnaires de l'ordre administratif. Il y a deux conséquences : c'est d'abord que le Préfet de police n'est jamais soumis à l'autorité du Procureur général, ni à la censure disciplinaire de la Cour d'Appel ; c'est ensuite que lorsqu'on veut agir contre lui par la voie civile, on n'a pas besoin de recourir à la prise à partie dont les règles sont tracées par les art. 505 et s. C. Pr. Civ.

Mais le Préfet de police, quand il agit en vertu de l'article 10 C. Ins. Cr., fait des actes de police judiciaire. Telle est la règle qu'on trouve consacrée par toutes les décisions, par les vôtres, par celles du Tribunal des conflits et du Conseil d'Etat. (1) La nature d'un acte dépend en effet de cet acte lui-même et non pas de la qualité de son auteur. Pour qu'il y ait un acte administratif, il faut deux choses : il faut que l'acte soit fait par un fonctionnaire de l'ordre administratif, et qu'il se rapporte à un objet d'administration. Par conséquent lorsque le Préfet de police agit

(1) Cons. d'Etat, 27 novembre 1831, aff. Vivien. — Civ., 3 août 1874, Valentin (D. 76, 1, 297 ; S. 76, 1, 193 ; P. 76, 481). — Req., 8 février 1876, aff. Labadié et concl. conf. de M. Reverchon, (D. 76, 1, 289 ; S. et P. *loc. cit.*). — Trib. des conflits, 25 mars 1889, aff. Dufeuille et concl. conf. de M. Valabrègues ; — *id.* aff. Usannaz-Joris et concl. conf. de M. Marguerie ; — *id.* aff. Michau (D. 90, 3, 65 ; S. 91, 3, 32). — Conf. Laferrière, *Traité de la juridiction administrative*, t. 2, p. 391 et p. 438 et 439.

en vertu de l'art. 10, comme c'est un fonctionnaire de l'ordre administratif mais comme il procède à des actes de police judiciaire il en résulte qu'il n'y a pas de recours contre ses actes devant le Conseil d'Etat mais qu'il y a un recours devant le Tribunal civil. C'est ce que vous avez décidé deux fois dans une affaire Dufeuille et dans une affaire du baron de Vaux (1) ; j'aurai l'occasion de revenir sur ces deux décisions, je me borne à les indiquer.

L'exception d'incompétence soulevée par les adversaires ne repose pas sur le caractère administratif de l'acte ; on ne vient pas se heurter à cette question qui ne se discute plus ; on ne vient pas soutenir qu'il s'agit d'actes administratifs. Non, on vous dit : Ces actes ont été ordonnés au Préfet de police par le ministre de l'Intérieur, — Maillard le reconnait et ses adversaires le proclament. La conséquence est celle-ci : — Conclusions du ministre : l'autorité judiciaire ne peut être saisie d'aucune action contre les ministres à raison de leurs fonctions. — Conclusions du Préfet de police : la situation du Préfet de police étant liée à celle du ministre de l'Intérieur, le tribunal incompétent vis-à-vis du ministre est incompétent vis-à-vis du préfet. — Comme c'est simple !

Que veut-on dire ? Veut-on dire que l'acte du Préfet change de nature pour avoir été prescrit par le ministre, qu'il devient par ce fait seul un acte de gouvernement ? Si vous admettez cette théorie il est parfaitement entendu que vous serez amenés à vous déclarer incompétents, non seulement vis-à-vis du ministre, mais aussi vis-à-vis des agents d'exécution. Veut-on dire que l'incompétence s'attache uniquement à la qualité du ministre, qu'il n'y a pas en un mot d'action civile contre les ministres ? C'est la thèse que je m'attendais à voir soutenir au nom du ministre de l'Intérieur, et qu'à mon grand étonnement j'ai entendu soutenir au nom du Préfet, tandis que le ministre se tenait surtout sur le terrain de l'acte de gouvernement. — En ce dernier cas, je prétends que si vous reconnaissez qu'il existe au profit du ministre une immunité spéciale qui ne nous permet pas de le traduire

(1) Trib. de la Seine, 17 novembre 1888 (S. 91, 3, 34) ; — 3 mars 1897 (*Gaz. des tribunaux* du 4 mars 1897).

devant vous, il n'en résultera pas nécessairement que le Préfet de police pourra profiter d'une immunité attachée à la qualité de ministre, dont il n'est pas revêtu.

Que doit-on penser de cette théorie qui consiste à dire que les actes du Préfet de police ont été transformés en actes de gouvernement? D'abord, il serait peut-être bon de consulter à cet égard les apparences mêmes de l'acte qui a été accompli. Tenez, voici un cas où le gouvernement, où le conseil des ministres a certainement voulu faire un acte d'autorité, un acte de gouvernement: je parle de l'arrêté ministériel qui a été pris contre le prince Napoléon le 10 octobre 1872; les termes en sont précis: (1)

« Paris, le 10 octobre 1872.

» Nous, ministre de l'Intérieur,

» D'après les ordres de M. le Président de la République,

» Le conseil des ministres entendu,

« Considérant que le Prince Jérôme-Napoléon Bonaparte est » entré en France sans en avoir obtenu l'autorisation du gouver- » nement et en présentant à la frontière un passe-port qui ne » lui avait été remis que pour un cas déterminé;

» Considérant que la présence du Prince Jérôme-Napoléon » Bonaparte peut dans les circonstances actuelles, devenir une » occasion de troubles; — Arrêtons: — Art 1er. Le prince » Jérôme-Napoléon Bonaparte sera immédiatement reconduit à » la frontière. . . . . »

Voilà en la forme, un acte de gouvernement; il est légal ou illégal, mais enfin on a voulu faire un acte de gouvernement.

Est-ce notre cas? Mais non! Messieurs. Ici, ce qu'on a voulu faire, c'est exercer le pouvoir dictatorial au moyen d'actes de police judiciaire; il n'y a même pas, dans l'espèce, d'ordres écrits du Ministre, on ne les présente pas, on ne les produit pas; mieux que cela: les mandats du Préfet de police ne visent pas les instructions du ministre, ils ne visent exclusivement que l'art. 10. C. Ins. Cr. En d'autres termes, ce que le Ministre a prescrit de faire au Préfet de police et ce que le Préfet de police a voulu faire ce sont des actes de police judiciaire et pas du tout

(1) D. 76, 2, 41.

des actes de gouvernement. Et c'est uniquement aujourd'hui, pour les besoins de la cause et parce que ces actes nous apparaissent comme ayant un caractère arbitraire, parce qu'on craint que notre prétention ne soit admise sur ce point, qu'on veut après coup transformer des actes dont le caractère judiciaire est apparent et certain en actes de gouvernement.

Pour cela, que fait-on? On se prévaut des mobiles de l'acte.

Mon confrère a produit tout à l'heure un arrêt bien inattendu dans l'affaire, c'est un arrêt du Tribunal des Conflits de 1873 dessaisissant l'autorité judiciaire d'une action civile dirigée contre un gouverneur militaire à raison d'actes accomplis par lui en vertu des pouvoirs spéciaux que lui conférait la loi sur l'état de siège. Dans ces conditions-là, il est parfaitement certain, et vous allez le voir, que l'acte était en effet un acte de gouvernement, ou tout au moins un acte du pouvoir discrétionnaire, et qu'il échappait à la compétence du Tribunal Civil.

Qu'est-ce donc que l'acte de gouvernement? Voici comment M. Dareste définit les actes de gouvernement : (1)

« Ceux que la Constitution et les lois réservent à la puissance » souveraine, sans autre contrôle que celui des grands corps » politiques et de l'opinion. On peut citer comme exemples les » faits de guerre, les traités et capitulations avec les puissances » étrangères. »

Pouvoir discrétionnaire ? oui ; pouvoir arbitraire, tyrannique ? non. Pouvoir qui doit relever nécessairement soit de la Constitution soit d'une loi spéciale et qui est nécessairement limité aux objets déterminés par cette Constitution ou par cette loi. C'est ce que disait, beaucoup mieux que je ne saurais le faire, M. David, commissaire du Gouvernement, concluant en 1875, devant le Conseil d'Etat sur le pourvoi que le prince Napoléon avait formé au sujet de son omission dans l'Annuaire militaire : (2)

« *Mais, affirmait-il, si les actes qualifiés, dans la langue du* » *droit, actes de gouvernement, sont discrétionnaires de leur* » *nature, la sphère à laquelle appartient cette qualification ne*

(1) *La justice administrative en France*, éd. 1898, p. 218.

(2) Cons. d'Etat, 19 février 1875. (S. 75, 2, 95).

» saurait s'étendre arbitrairement au gré des gouvernants ; elle
» est naturellement limitée aux objets pour lesquels la loi a
» jugé nécessaire de confier au gouvernement les pouvoirs
» généraux auxquels elle a virtuellement subordonné le droit
» particulier des citoyens dans l'intérêt supérieur de l'Etat.
» Tels sont les pouvoirs discrétionnaires que le gouvernement
» tient en France, soit des lois constitutionnelles quand elles
» existent pour le règlement et l'exécution des conventions
» diplomatiques, soit des lois de police, et spécialement de la
» loi sur l'état de siège, pour le maintien de la paix, soit des lois
» d'exception, dont notre histoire contemporaine n'offre que trop
» d'exemples, pour sa défense contre les entreprises qu'il peut
» avoir à redouter des princes appartenant aux familles qui ont
» régné en France. »

M. Laferrière, dont on invoquait l'autorité contre nous, quelle
est sa doctrine ?

« Ce qui domine dans l'acte de gouvernement, c'est son
» caractère politique ; il échappe par cela même à la juridiction
» administrative pour ne relever que de la juridiction politique,
» c'est-à-dire celle que les Chambres exercent. . . . . »

Voilà votre thèse, et maintenant en voici la limite :

« Il ne faut pas conclure de là que tout acte du pouvoir
» exécutif inspiré par des considérations d'ordre politique et
» gouvernemental, soit par cela seul un acte de gouvernement
» contre lequel les citoyens n'auraient aucun recours d'ordre
» juridique. La compétence dépend de la nature des actes et
» non des mobiles qui les inspirent. L'acte d'administration fait
» dans un but politique ne cesse pas pour cela d'être un acte
» d'administration.

» De même si des raisons politiques déterminent le Gouver-
» nement à se saisir d'une propriété privée en dehors des cas
» prévus par la loi, à porter atteinte à la liberté individuelle ou
» à la liberté de la presse, les parties lésées n'en auraient pas
» moins accès devant les tribunaux judiciaires, gardiens du droit
» individuel. » (1)

L'acte arbitraire du pouvoir exécutif, l'acte judiciaire com-

(1) Laferrière : *Traité de la juridiction administrative*, t. 2, p. 31-32.

mandé par des raisons politiques, l'acte d'administration ou la
simple voie de fait qu'on présente comme des actes de gouvernement parce qu'ils ont été inspirés par des raisons politiques,
ne deviennent pas des actes de gouvernement par cela seul
qu'ils ont été précédés ou suivis d'un ordre du jour approbatif
des Chambres. On vous parle d'une interpellation qui a eu lieu à
la Chambre des députés et M. Waldeck-Rousseau vous rappelle
qu'il a reçu les éloges de la majorité du Parlement au sujet des
actes que nous lui reprochons. Que nous importe? Est-ce que
nous sommes sur le même terrrain? Est-il question de savoir si
la politique suivie par le gouvernement était ou non conforme
aux sentiments ou aux passions de la majorité? La question n'est
pas là ; il s'agit de savoir si l'ordre du jour de la Chambre des
députés peut transformer l'acte qui a été accompli, et que nous
considérons comme un acte arbitraire, en un acte de gouvernement.

Écoutez à cet égard l'opinion de M. Laferrière : (1)

« Ainsi se trouve confirmée l'idée indiquée à la fin du cha-
» pitre précédent, que les votes politiques émis par les Chambres
» pour invoquer ou provoquer un acte d'administration ne suffi-
» sent pas pour donner à cet acte un caractère politique et le
» soustraire à tout recours contentieux; ces votes ne font que
» confirmer et accentuer les mobiles politiques de l'acte, mobiles
» qui ne peuvent modifier à eux seuls la compétence des juri-
» dictions. »

Ces principes ont été constamment appliqués sous la Constitution de 1875, même à l'égard des princes, même à l'égard des
congrégations religieuses.

C'est d'abord, la Chambre des Requêtes qui admet le pourvoi
formé par le prince Napoléon contre l'arrêt d'incompétence de la
Cour de Paris du 29 avril 1876 (2). Le prince Napoléon avait agi
contre le Ministre de l'Intérieur et contre le Préfet de Police,
exactement comme dans l'espèce actuelle, à raison de l'arrêté
ministériel que je vous ai indiqué ; en vertu du principe de la

(1) *Loc. cit.* p. 31.
(2) D. 76, 2 41.

séparation des pouvoirs la Cour de Paris avait cru devoir se déclarer incompétente ; par arrêt du 25 mars 1878 la Chambre des Requêtes a admis le pourvoi. (1)

Puis, c'est le Conseil d'Etat qui déclare admissibles devant lui, par arrêt du 19 février 1875 le recours du prince Napoléon, et par arrêt du 20 mai 1887 le recours des princes d'Orléans et des princes Murat contre les décisions ministérielles qui les avaient privés de leurs grades militaires ; (2) il y avait là le précédent des ordres du jour approbatifs.

Le procès des congrégations religieuses en 1880 contient un enseignement non moins décisif. Un ordre du jour de la Chambre des députés avait invité le gouvernement à faire aux congrégations non autorisées « l'application des lois existantes. » Un décret du président de la République, visant des lois spéciales prononce la dissolution. L'exécution de ce décret par ordre du ministre de l'Intérieur, motive un certain nombre d'actions civiles intentées aux Préfets par les religieux expulsés. L'autorité judiciaire rejette les déclinatoires et se déclare compétente. Que décide le tribunal des conflits? Il dessaisit, il est vrai, l'autorité judiciaire, mais il reconnaît aux membres des congrégations dissoutes le droit d'exercer un recours pour excès de pouvoir devant le Conseil d'Etat statuant au contentieux. C'est une condamnation formelle de la théorie de l'acte de gouvernement tels que l'entendent nos adversaires (3).

J'arrive, et je vous demande la permission d'y insister plus longuement, aux deux décisions du Tribunal des conflits du 25 mars 1889 qui ont définitivement fixé la jurisprudence en ce qui concerne l'acte de gouvernement, je veux parler des arrêts intervenus dans l'affaire Dufeuille et dans l'affaire Usannaz-Joris.

Dans l'affaire Dufeuille, voici ce qui s'était passé : Le Préfet de police avait fait saisir au domicile de M. Dufeuille 975 exemplaires d'une circulaire du comte de Paris ; le mandat ne visait

(1) V. S. 91, 3, 39.

(2) Cons. d'Etat, 19 février 1875, S. 75, 2, 93. — Cons. d'Etat, 20 mai 1887, S. 89, 3, 19.

(3) Trib. des conflits, 19 février, 5, 12 et 19 mars 1881 (D. 81, 3 90).

que l'art. 10 C. Ins. Cr.; M. Dufeuille assigne le Préfet de police
qui propose un déclinatoire ; le Tribunal de la Seine le rejette,
le Préfet élève le conflit et soutient qu'il s'agit d'un acte de
gouvernement, que la mesure a été prise sur les instructions du
ministre de l'Intérieur et qu'elle vise le représentant d'une dynas-
tie déchue. M. Valabrègue, commissaire du gouvernement,
répond à cette prétention du Préfet dans les termes que voici : (1)

   « A cette double thèse, notre réponse sera courte : la nature
» d'un acte est caractérisée par l'acte lui-même, indépendam-
» ment de toutes les circonstances extérieures, qui l'ont précédé
» ou suivi ; elle ne change pas suivant les intentions présumées
» de son auteur, ni suivant les mobiles qui l'ont inspiré. L'acte
» constitue un acte de gouvernement si la mesure a été prise
» par le gouvernement ou ses représentants dans l'exercice de
» la puissance souveraine, ou même de la puissance publique en
» vue de pourvoir à la protection d'un de ces intérêts supérieurs
» dont il a la garde et qui rentrent dans les pouvoirs généraux
» qui lui sont conférés par les lois ou la Constitution. »

   Et le Tribunal des Conflits statue comme il suit : (2)

   « Considérant d'autre part qu'en admettant que les instruc-
» tions verbales données par le Préfet de police eussent été
» données pour l'application de la loi du 29 juillet 1881, sur la
» presse, ou de celle du 22 juin 1888, relative aux membres des
» familles ayant régné en France, elles ne sauraient imprimer
» au mandat et à la saisie des 5 et 6 juillet 1888 le caractère
» d'actes administratifs ou de gouvernement ; qu'en effet, la
» saisie ne change pas de nature par ce fait qu'elle est ordonnée
» par le ministre de l'Intérieur dans un but politique et que la
» mesure a été approuvée par les Chambres. . . . . »

   L'affaire Usannaz-Joris, jugée le même jour, est plus intéressante encore. Au mois d'août 1888, le Préfet de la Savoie avait
fait saisir à la poste 17 plis contenant la circulaire du comte de
Paris et expédiés par M. Usannaz-Joris, à l'adresse de maires du
département ; l'arrêté préfectoral ordonnant la saisie et l'arrêté
commettant le commissaire de police pour y procéder, visaient

   (1) S. 91, 3, 37, 1° col. *in fines.*
   (2) S. 91, 3, 37.

les instructions écrites du ministre de l'Intérieur qui portaient expressément « Veuillez saisir ». M. Usannaz-Joris forme contre le Préfet non plus une demande en revendication mais une demande en 10.000 francs de dommages-intérêts fondée sur le délit de l'art. 187 C. pén., c'est-à-dire sur la violation de sa correspondance. On propose le déclinatoire, le tribunal de Chambéry se déclare compétent; on prend un arrêté de conflit, et alors il arrive ceci: M. Marguerie, commissaire du Gouvernement, conclut au maintien de l'arrêté de conflit, mais pourquoi? parce que la loi du 22 juin 1886 a placé les princes en dehors du droit commun ; contre les citoyens, il n'y a pas de mesures de haute police. Voici, Messieurs, ce que dit à cet égard M. Marguerie : (1)

« Nous croyons que les instructions du ministre de l'Intérieur
» permettent de qualifier les actes incriminés de mesures de
» haute police et de gouvernement, qui à raison de leur carac-
» tère échappent au contrôle de l'autorité judiciaire, de sorte que
» vous devez maintenir l'arrêté de conflit. . . . . »

Mais pourquoi? Parce que, suivant l'opinion du commissaire du gouvernement,

« . . . . il n'y a pas de débat contentieux possible au fond
» sur une mesure de police prise par le gouvernement au regard
» d'un prince appartenant à une famille ayant régné en France
» et auquel le territoire de la France est interdit par une loi
» d'exception. »

Et M. Marguerie précise ainsi sa pensée:

« Depuis 1871 jusqu'en 1886, le gouvernement n'avait pu se
» prévaloir, à l'égard des princes des familles ayant régné en
» France, de pouvoirs de police gouvernementale, parce que,
» aux yeux de la loi, ces princes n'étaient que de simples
» citoyens qui, à ce titre, ne pouvaient être frappés, s'ils com-
» mettaient des infractions à la loi, que par les moyens du droit
» commun. Le gouvernement, pour réprimer les entreprises des
» citoyens contre la paix et l'ordre public, ne peut agir par
» mesure de haute police. S'il croyait devoir recourir à des
» mesures de ce genre et se prévaloir de pouvoirs généraux
» pour la sûreté intérieure de l'Etat, dont il croyait à tort

(1) S. 91, 3 39, 2e col.

» trouver la base dans la Constitution pour soustraire ses actes
» au contrôle des diverses juridictions, il appartenait aux diverses
» juridictions saisies des réclamations des citoyens lésés par ses
» actes de ne pas s'arrêter à la qualification erronée que le gou-
» vernement aurait donnée à de simples voies de fait, de consta-
» ter la violation du droit et de prononcer les condamnations et
» restitutions nécessaires.

» *Mais la situation juridique du gouvernement actuel vis-à-vis*
» *des princes des familles ayant régné en France se trouve ré-*
» *glée aujourd'hui par la loi du 22 juin 1886.* »

Puis il conclut ainsi : (1)

« *Cette jurisprudence n'est acceptable qu'à la condition de la*
» *déclarer sans application dans les rapports de l'État avec les*
» *simples citoyens, de réserver à des juges le droit de statuer*
» *sur le caractère des mesures de police, qu'on leur signale*
» *comme des actes de gouvernement, par des motifs tirés de la*
» *nature des mesures prises et non des mobiles qui les ont*
» *inspirées.* . . . . . Si nous vous demandons de reconnaître
» aux actes qui ont fait l'objet de la réclamation du sieur Usan-
» naz-Joris le caractère d'actes de gouvernement, c'est précisé-
» ment parce que nous estimons qu'ils ont été accomplis dans la
» limite des pouvoirs que le gouvernement tient de la loi consti-
» tutionnelle rapprochée de l'article 1er de la loi du 22 juin
» 1886. »

Que fait le Tribunal des conflits? Il ne veut pas même suivre
le commissaire du gouvernement jusqu'où il est allé, et il déclare
que même en face d'une situation particulière comme celle du
prince le gouvernement n'a pas le droit de franchir les limites
tracées à son pouvoir discrétionnaire par la loi d'exception qui
lui a conféré ce pouvoir. (2)

Cette jurisprudence, vous l'avez appliquée le 3 mars 1897,
dans l'affaire du Baron de Vaux contre le Préfet de Police et
votre jugement reproduit les termes mêmes de l'arrêt du Tribunal
des Conflits. Le Préfet de Police avait fait saisir 200.000 portraits
du Duc d'Orléans; le mandat visait à la fois l'art. 10 et les ins-

(1) S. 91, 3, 40, 3° col.
(2) S. 91, 3, 41.

tructions du Ministre de l'Intérieur, circonstance qui ne se rencontre pas dans notre espèce. Le Baron de Vaux assigne le Préfet de Police devant le Tribunal en restitution des portraits et en un franc de dommages-intérêts. Le Préfet de Police prend des conclusions d'incompétence parce qu'il s'agit, dit-il, d'un acte de Gouvernement, et le Tribunal rend la décision que voici : (2).

« Attendu que de la combinaison des articles 8 et 10 du Code » d'instruction criminelle il résulte que le Préfet de police, bien » que fonctionnaire administratif et non dénommé dans l'article 9 » du même Code, agit dans le cercle des attributions de police » judiciaire lorsqu'il exerce les pouvoirs que lui donnent ces » articles; que les mandats qu'il délivre et les saisies qu'il fait » opérer en vertu de ces dispositions, constituent les éléments » préliminaires d'une information criminelle ou correctionnelle » et sont soumis, quant à leur légalité, à leur régularité et à » leurs effets, au contrôle de l'autorité judiciaire; que la saisie » des écrits et dessins est réglée par la loi du 29 juillet 1881 ; » que, dès lors, le Tribunal est compétent pour statuer dans la » cause actuelle sur la validité de la saisie, sur les dommages-» intérêts qu'elle peut motiver ainsi que sur les exceptions » qu'elle peut comporter ;

» Que la saisie ne change pas de nature pour ce fait qu'elle » a été ordonnée par le Ministre de l'Intérieur dans un but poli-» tique; que si le Gouvernement a le droit d'assurer la sécurité » de l'État et de réprimer toute entreprise tentée contre la » République par les membres des familles ayant régné en » France, auxquels le territoire français est interdit, ou par leurs » partisans, il n'est investi à cet égard que des pouvoirs que la » loi lui donne; que le droit de pratiquer discrétionnairement » des saisies ne lui est conféré par aucun texte. »

Voilà, Messieurs, ce que j'avais à dire en ce qui concerne la prétention des adversaires de faire considérer les faits d'arrestation, de perquisition et de détention dont nous nous plaignons comme des actes de Gouvernement. S'il en est ainsi, la compétence vis-à-vis du Préfet de Police me paraît dès maintenant cer-

(1) *Gaz. des Tribunaux*, n° du 4 mars 1897.

taine. Elle tient à la nature des actes, il n'y a pas de discussion possible. Nous sommes en présence d'actes qui par essence sont des actes judiciaires, nous n'avons pas de recours contre eux devant le contentieux administratif; d'autre part, les mobiles qui les ont inspirés ne modifient pas leur nature et ne permettent pas d'élever le conflit. Dans toutes les circonstances antérieures, dans tous les précédents que j'ai cités, vous voyez le Préfet de Police agir en vertu d'instructions du Ministre de l'Intérieur, et le Tribunal nonobstant ces instructions se déclarer compétent à l'égard du Préfet.

Mais les adversaires me font cette objection: Dans les espèces précédentes le Ministre n'était pas mis en cause, par conséquent le Tribunal a pu se déclarer compétent parce que l'action n'était dirigée que contre le Préfet; mais ici vous assignez en même temps le Ministre et le Préfet et vous demandez contre eux une condamnation solidaire.

Eh bien, Messieurs, dans toutes les circonstances antérieures le Ministre qui avait donné les ordres aurait pu être mis en cause; est-ce que le Tribunal aurait cessé pour cela d'être compétent vis-à-vis du Préfet? Non. Car si la thèse était exacte, le Tribunal devait se déclarer incompétent vis-à-vis du Préfet de Police même en l'absence du Ministre de l'Intérieur.

Est-ce que la compétence dont il s'agit ici, la compétence *ratione materiæ*, la compétence d'attributions et d'ordre public dépend des conditions dans lesquelles est exercée l'action qui résulte de la faute commise? Et peut-il appartenir au demandeur de la déterminer à son gré par un choix judicieux entre les personnes qui sont également responsables? Le Tribunal compétent pour juger tous les auteurs d'un quasi-délit devient-il incompétent si l'on n'en poursuit qu'un seul? Et d'autre part, lorsque les coauteurs du quasi-délit sont tous poursuivis par voie d'action conjointe et solidaire, si l'un d'eux fait valoir une excuse personnelle, est-ce que la disjonction ne s'imposera pas, l'action demeurant valablement engagée contre les autres?

Du reste, dans l'espèce il y a autre chose: le Ministre et le Préfet ont concouru au même dommage par des fautes parfaitement distinctes. Il ne faut pas oublier que le Préfet de Police seul avait le pouvoir en vertu de l'art. 10 de procéder aux actes d'arrestation qu'il a exécutés; le Ministre de l'Intérieur ne pouvait pas y procéder lui-même, aucune disposition de la loi ne permettant au Ministre de l'Intérieur de faire des actes de police judiciaire. Par conséquent le Ministre, en donnant des instructions au Préfet de Police pour accomplir les actes en question, a commis une faute personnelle, mais une faute qui n'est pas la même que celle du Préfet de Police. Le Préfet avait le droit de résister aux instructions qui lui ont été données, et je m'étonne vraiment qu'on fasse intervenir ici des décisions rendues lorsqu'il s'agissait d'actes accomplis par des militaires en vertu des ordres de leurs supérieurs hiérarchiques. Je sais que le Code Pénal dispose que lorsqu'un acte arbitraire a été exécuté par un fonctionnaire sur l'ordre du Ministre c'est celui-ci qui sera poursuivi; nous verrons, si nous discutons un jour le fond de ce procès, si le Préfet peut soutenir qu'il est à l'abri de toute responsabilité, n'ayant fait qu'obéir aux ordres du Ministre. — Mais l'exception d'incompétence que le Préfet propose aujourd'hui est en contradiction complète avec les décisions intervenues précédemment

M. Lépine a-t-il oui ou non participé aux faits dont je me plains au Tribunal, accompli des actes personnels qui engagent sa responsabilité? Ces actes sont-ils de nature telle que le Tribunal soit compétent pour les apprécier? Alors il est incontestable que vous devez juger les griefs que j'élève contre lui, même si tel ou tel des autres défendeurs peut bénéficier d'une immunité particulière.

J'aborde maintenant un dernier point, c'est la thèse soutenue par mon confrère, M° Beurdeley, au nom du Préfet de Police. M° Beurdeley dit: L'incompétence ne tient pas à la nature de l'acte, elle tient à la qualité du Ministre; il n'y a pas d'action civile contre les Ministres, la Constitution ne permet pas aux simples particuliers de traduire les Ministres devant les Tribunaux non pas seulement à raison d'actes de leurs fonctions — nous rentrerions dans la théorie du conflit et dans la question des actes de Gouvernement, — mais à raison d'actes accomplis à l'occasion de leurs fonctions.

Messieurs, une doctrine semblable ne pourrait résulter que d'un texte exprès et formel. Le principe, c'est que les Tribunaux

civils sont seuls compétents pour statuer sur les actions en responsabilité des particuliers, en vertu de l'art. 1382. Y a-t-il une
juridiction exceptionnelle pour les Ministres ? Je n'en connais pas.
De plus, je vous ai cité le texte de l'art. 117 C. P., qui prévoit
expressément la possibilité de poursuivre les Ministres devant
les Tribunaux ordinaires par la voie civile.

Il est vrai que sous les Constitutions antérieures l'action civile
contre un Ministre a pu être entravée par la nécessité d'une
autorisation préalable ; mais entendons-nous bien : il ne s'agissait
pas là d'une règle de compétence, c'était une garantie, une
immunité particulière attachée aux fonctions de Ministre, analogue à celle qui couvrait les fonctionnaires publics. Le Tribunal
était obligé de surseoir à statuer jusqu'à l'autorisation, mais il
n'était pas incompétent. Or, ces garanties constitutionnelles ont
disparu par l'effet du décret du 19 septembre 1870, qui n'a pas
abrogé seulement l'art. 75 de la Constitution de l'an VIII, mais
qui a abrogé également « toutes autres dispositions des lois générales ou spéciales ayant pour objet d'entraver les poursuites
dirigées contre les fonctionnaires publics de tout ordre ».

La loi constitutionnelle du 16 juillet 1875 n'a pas établi que
je sache de règles spéciales en ce qui concerne l'action civile
contre les ministres ; d'où on doit conclure que l'action civile
contre eux reste régie par le droit commun.

Voici d'ailleurs un passage de M. Dareste qui résume la
question d'une façon parfaitement précise : (1)

« L'article 75 de la Constitution de l'an VIII ne parlait que
» des agents du gouvernement *autres que les ministres*. Quelle
» était la portée de cette réserve ? Fallait-il en conclure que les
» poursuites contre les ministres étaient affranchies de toute
» autorisation préalable, ou au contraire qu'elles restaient sou-
» mises aux règles prescrites par l'art. 31 de la loi du 27 mai
» 1791, reproduit par l'art. 13 de la loi du 10 vendémiaire an IV
» ainsi conçu : « Tout ministre contre lequel il sera intervenu un
» décret du corps législatif déclarant qu'il y a lieu à accusation
» pourra être poursuivi en dommages-intérêts par les citoyens
» qui éprouveront une lésion résultant des faits qui auront donné

(1) *La justice administrative en France.* Ed. 1898, p. 519.

» lieu au décret? Nous croyons que la Constitution de l'an VIII
» entendait maintenir ces dispositions. En d'autres termes les
» poursuites contre les ministres étaient soumises *à une autori-*
» *sation préalable,* comme les poursuites dirigées contre tous les
» autres fonctionnaires, seulement l'autorisation devait être
» demandée au pouvoir législatif et non au Conseil d'Etat.

» C'est bien ainsi que l'entendait la Constitution du 4 novem-
» bre 1848 dont l'art. 97 portait : « Dans tous les cas de respon-
» sabilité des ministres, l'Assemblée nationale peut, selon les
» circonstances, renvoyer le ministre inculpé soit devant la
» Haute-Cour de justice, soit devant les tribunaux ordinaires,
» pour les réparations civiles. »

» Mais quelle que fût la situation faite aux ministres par
» l'art. 75 de la Constitution de l'an VIII, *il paraît certain qu'ils*
» *sont soumis au droit commun* depuis le décret du 19 septembre
» 1870 qui abroge non-seulement l'article 75 précité, mais encore
» « toutes autres dispositions des lois générales ou spéciales
» ayant pour objet d'entraver les poursuites dirigées contre des
» fonctionnaires publics de tout ordre. »

» La loi du 16 juillet 1875 n'a pas porté atteinte à ce prin-
» cipe. L'article 12 § 2 porte : « Les ministres peuvent être mis
» en accusation par la Chambre des députés. En ce cas, ils sont
» jugés par le Sénat. » Cette faculté donnée à la Chambre des
» députés d'accuser les ministres devant le Sénat *ne fait nulle-*
» *ment obstacle à ce que les ministres soient déférés dans les*
» *termes du droit commun, par toute partie intéressée et par le*
» *ministère public, aux tribunaux civils et criminels? Pour les*
» *ministres* comme pour tous autres fonctionnaires *le principe*
» *de la séparation des pouvoirs est suffisamment garanti par le*
» *conflit* qui peut toujours être élevé quand l'acte incriminé est
» un acte administratif.

» C'est au reste ce que la Cour de Cassation a déjà décidé
» deux fois, à savoir la Chambre des Requêtes par un arrêt
» d'admission du 25 mars 1878, et la Chambre criminelle par un
» arrêt de rejet du 24 février 1893 (Sirey, 93, 1, 217). »

M. Laferrière, dont vous citiez l'opinion tout à l'heure comme
étant en votre faveur, dit bien que les précédents législatifs ou
judiciaires sont en ce sens que sous les Constitutions antérieures

on ne pouvait pas exercer directement une action civile contre
les ministres, mais quand il s'agit de conclure que dit-il ? (1)

« Si les poursuites à fins civiles avaient pour objet non un
» acte criminel ou délictueux ou une faute personnelle imputée
» au ministre, mais des faits ayant le caractère d'actes adminis-
» tratifs, il n'est pas douteux que le conflit pourrait être élevé
» dans un procès fait à un ministre. . . . . »

Au fond la doctrine de M. Dareste est identique à celle de
M. Laferrière.

Dans l'affaire Usannaz-Joris, le commissaire du gouvernement
disait au Tribunal des conflits : (2)

« Pour quel motif le sieur Usannaz-Joris n'a-t-il pas assigné
» le ministre de l'Intérieur devant le tribunal de Chambéry ? Sui-
» vant nous la question de compétence de l'autorité judiciaire
» se pose dans les mêmes termes que si le ministre de l'Intérieur
» avait été compris dans l'assignation. »

Cette opinion est conforme à celle de tous les auteurs. C'est
la doctrine de Batbie (3), de Ducrocq (4), de Garraud (5), de
Sorel (6), de Dalloz (7), de Lacanal (8).

Elle a été consacrée par la Cour de Cassation. Lorsque par
son arrêt du 25 mars 1878, la Chambre des requêtes admit le
pourvoi du prince Napoléon contre l'arrêt de la Cour de Paris du
29 avril 1876, elle reconnut par le fait même qu'il y a contre
les ministres, une action civile au profit des particuliers lésés
par un acte arbitraire. Le ministre n'avait invoqué d'ailleurs que
le caractère gouvernemental de la mesure d'expulsion prise à
l'égard du prince: L'honorable M. Victor Lefranc était un esprit

(1) *Traité de la juridiction administrative*, p. 665.

(2) S. 91, 3, 39, 3ᵉ col.

(3) *Traité de droit public et administratif*, t. 3, n° 272.

(4) *Cours de droit administratif*, t. 1ᵉʳ, n° 593.

(5) *Traité du droit pénal*, t. 2, n° 46.

(6) Sur Mangin, *Traité de l'action publique et de l'action civile*, t. 2, n° 213, note.

(7) Suppᵗ au Rép. Vᵉ *Droit constitutionnel*, n° 90. — Vᵉ *Liberté indivi-duelle*, n° 13. — Note sous Paris, 29 avril 1876 (D. 76, 2, 11).

(8) *Revue générale d'administration*, 1884, t. 1ᵉʳ. p. 44.

trop sincèrement libéral pour se prétendre investi d'une immunité personnelle à raison des fonctions qu'il avait exercées.

Ainsi quand les faits qui motivent l'action civile sont constitutifs ou d'un acte délictueux, ou d'une faute personnelle, ou d'un acte qui n'a pas le caractère administratif, il n'y a aucune espèce d'impossibilité de déférer les ministres au Tribunal civil. En d'autres termes, il n'y a qu'une voie pour réprimer l'abus de citation contre les ministres, c'est l'arrêté de conflit ; il n'y a plus d'immunité pour les ministres parce que les Constitutions antérieures sont abolies et que la loi du 16 juillet 1875 n'a pas modifié le droit commun à leur profit ; il n'y a plus d'immunité pour les fonctionnaires parce que l'art. 75 de la Constitution de l'an VIII est abrogé.

Vous le voyez donc, Messieurs, sous aucun rapport l'exception d'incompétence soulevée ne peut être admise. Quel que soit le mobile qui les inspire, et fût-ce pour étouffer les complots les mieux avérés, fût-ce même sous l'impérieuse nécessité de « répondre à l'insolent défi des nationalistes », il n'est jamais loisible aux ministres républicains, — sans en répondre devant vous, — de violer la liberté individuelle, de rétablir le régime du bon plaisir et des lettres de cachet, de restaurer la Bastille dans un pays qui a choisi pour Fête Nationale l'anniversaire de sa destruction ! Dans ce pays, où la Révolution à son aurore imposa naguère à la monarchie devenue constitutionnelle, de prendre pour devise « La Nation, la Loi, le Roi », — si haute idée qu'on ait de soi-même, de sa prérogative et de son génie, si dédaigneux qu'on soit du sort des humbles et des petits et pour si peu que l'on compte les droits et la liberté d'autrui, — on ne peut pas, fût-on ministre et président du conseil, se placer au-dessus des lois et des juges de la République.

Aussi bien, Messieurs, je ne comprends pas la résistance de M. Waldeck-Rousseau à se soumettre à votre juridiction ! Après tout, il y avait des juges à Berlin sous Frédéric-le-Grand ; est-ce que M. le Président du conseil ne devrait pas être à son tour charmé que sous son principat, on pût croire à la justice, — à la vôtre — qu'il a si souvent éclairée de ses lumières, aidée de son talent ?

Peut-être, et c'est une hypothèse que je formule avec réserve, sans me dissimuler son invraisemblance, peut-être M. le ministre de l'Intérieur, ayant fait un retour sur les évènements accomplis, éprouve-t-il maintenant quelque inquiétude au sujet de votre appréciation sur le fond du procès et s'est-il enfin convaincu lui-même que pour gouverner à la Napoléon, il ne suffit pas d'avoir livré la bataille de Rennes et de l'avoir perdue.

PLAIDOIRIE DE Mᵉ HENRY BONNET

MESSIEURS,

Mon honorable contradicteur, Mᵉ Paul Faure, plaidant au nom de M. Waldeck-Rousseau, a traité notre demande avec quelque dédain. A l'entendre, il semblerait que notre action soit si téméraire et qu'il soit si audacieux d'oser amener à la barre du Tribunal M. le Président du Conseil, Ministre de l'Intérieur, que c'est à peine si une pareille prétention mérite d'être discutée. Cette attitude dédaigneuse n'est ni pour nous surprendre ni pour nous intimider, et je conserve, quant à moi, la conviction que ce procès, engagé à la requête de citoyens que leur situation modeste rend particulièrement dignes d'intérêt, ne sera pas un vain appel à la justice.

En tous cas il était nécessaire et il fallait qu'il fût fait. Il est bon que de temps en temps — et jamais cela n'a été plus nécessaire qu'à l'heure où je parle — on donne, si je puis employer cette formule, un coup de sonde dans nos institutions, pour rechercher et apprendre aux 38 millions de Français que cela intéresse, quelles sont sous un régime républicain démocratique, et qui a la prétention d'être libéral, les garanties des droits individuels.

Et si, comme je le pense, vous accueillez la demande dont nous vous avons saisis, votre jugement contiendra un consolant, précieux et salutaire enseignement. Il rappellera à ceux qui seraient tentés de ne pas s'en souvenir que, dans l'avilissement inquiétant d'un régime qui se discrédite, au milieu du désordre créé par le désaccord grandissant qui se manifeste entre les hommes au pouvoir et l'opinon publique qui se détache d'eux, il reste du moins, en France, une magistrature indépendante, à la hauteur de tous ses devoirs, auprès de laquelle on est assuré toujours de trouver une efficace protection.

Je suis de ceux, Messieurs, qui désirent voir vivre la République; je suis aussi de ceux — j'ose à peine le dire encore — qui croyaient à l'excellence des institutions parlementaires; et c'est parce que je voudrais rester fidèle à mes convictions et à mes préférences que je souhaite ardemment de ne pas m'apercevoir que nous n'avons plus que la façade d'institutions libérales et que les citoyens lésés par l'arbitraire ne peuvent plus trouver le *forum et jus* dans les enceintes de justice !

Cherchons donc si, comme le prétendent nos adversaires, il se pourrait que les demandeurs qui sont à votre barre se vissent, à raison de la qualité de ceux qui leur ont causé, sans prétexte, le plus grave des préjudices, refuser l'accès du prétoire, c'est-à-dire, entendons-nous bien, le droit à un recours quelconque et tout moyen d'obtenir les réparations qui leur sont dues.

Pas d'équivoques ni de subtilités ! La question se pose bien dans les termes que je précise. Il s'agit de savoir si des actes comme ceux dont nos clients ont été les victimes sont ou non sans aucune espèce de sanction ? Si, en effet, vous vous déclarez incompétents, vous direz par cela même — et il faut qu'on le sache et que vous-mêmes mesuriez la redoutable gravité de la décision à rendre — vous direz que les actes dont nous nous plaignons ne sont susceptibles de recours devant aucune juridiction.

J'ai le droit, je pense, d'affirmer que ce serait là une constatation monstrueuse, et je suis convaincu que cette constatation nous ne la ferons pas ! Je soutiens qu'une déclaration d'incompétence est impossible, et c'est ce que j'ai à vous démontrer.

Ce que nous vous demandons de protéger et de faire respecter en condamnant les défendeurs et en particulier M. le Président du Conseil, Ministre de l'Intérieur, c'est, Messieurs, vous le savez, la liberté individuelle.

Comment donc la liberté des citoyens, la vôtre comme la

nôtre, celle de tous les Français, est-elle garantie sous notre Constitution et sous nos Codes ?

Si je regarde au frontispice des monuments publics, j'y vois partout gravé dans le marbre ou dans la pierre le mot de " Liberté ".

Si j'interroge l'Histoire, je trouve, à l'aurore des temps modernes, cette fameuse et pompeuse Déclaration des Droits de l'Homme trois fois renouvelée en 1791, en 1793 et en 1795, et vous savez avec quelle solennité, les articles de cette Déclaration proclament le respect de la liberté individuelle. Permettez-moi de replacer sous vos yeux trois articles de la Déclaration de 1793:

« Art. 1er: Le but de la société est le bonheur commun; le » Gouvernement est institué pour garantir à l'homme la jouissance » de ses droits naturels et imprescriptibles.

» Art. 2: Ces droits sont: l'égalité, la liberté, la sûreté, la » propriété. . . . .

» Art. 8: La loi doit protéger la liberté publique et indivi- » duelle contre l'oppression de ceux qui gouvernent ».

Si nous ouvrons nos Codes, nous y trouvons la série nombreuse des Constitutions qui se sont succédées en France depuis un siècle. Dans toutes ou presque toutes, la Liberté apparaît comme la chose sacrée entre toutes, la chose intangible à laquelle nul ne peut impunément porter atteinte.

Je n'ai à parler ici que des Constitutions républicaines. Il est entendu — surtout, je pense, pour les hommes qui sont aujourd'hui au pouvoir — que les constitutions impériales et monarchiques étaient des instruments d'oppression et de despotisme condamnés et à jamais disparus. Dans ces Constitutions détestées, nous trouverions — j'ai à peine besoin de le dire — des dispositions inquiétantes pour la liberté individuelle, mais qui ont, du moins, le mérite d'être nettes et franches et d'éclairer ceux qu'elles menacent sur les pouvoirs dont le Gouvernement est investi.

Si nous prenons, par exemple, la Constitution de 1799, prélude de la Constitution de l'Empire, nous y lisons un art. 46 qui est ainsi conçu:

« Si le Gouvernement est informé qu'il se trame quelque cons- » piration contre l'Etat, il peut décerner des mandats d'amener

» et d'arrêt contre les personnes qui en sont présumées les
» auteurs ou les complices................... »

Voilà, par une disposition légale bien claire, le Gouvernement investi, en cas de complot, du droit d'arrestation. Et s'il en use, il pourra soutenir qu'il n'a pas à répondre devant la justice de l'usage qu'il en a pu faire.

Dirai-je un mot de la Constitution de 1852? Je pense que ce n'est pas bien utile; car ceux qui nous gouvernent aujourd'hui sont les héritiers de ceux ou ceux-là mêmes qui ont usé leurs forces à protester, au nom de la Liberté méconnue, contre la tyrannie du régime qu'a créé cette Constitution. Je n'en veux rappeler qu'un article, l'article 25 qui déclare que :

« Le Sénat est le gardien des libertés publiques. »

Nous savons ce qu'il fallait penser de cette garantie :

Heureusement, Messieurs, nous avons changé tout cela. A l'heure où je parle, l'article 46 de la Constitution de 1799 n'existe plus et on ne paraît plus disposé à donner au Sénat ce rôle de gardien des libertés publiques. On vient, vous le savez, de lui en attribuer un autre très différent de celui-là, qu'il a rempli, d'ailleurs, avec infiniment plus de zèle que ne remplissait le sien le Sénat conservateur du second Empire.

Ne parlons donc que des Constitutions républicaines. Celles-là, si on en interroge le texte, mettent, sans restriction et sans équivoque, la liberté au-dessus et à l'abri de toute atteinte.

Je sais bien qu'il y a eu une heure sombre de notre Histoire où, quelques semaines après la promulgation d'une de ces Constitutions dont je parle, celle du 24 juin 1793 qui contenait la deuxième édition de la Déclaration des Droits de l'Homme, la liberté a subi une terrifiante éclipse. Mais on était, à cette heure-là, en pleine tourmente révolutionnaire et on a eu, au moins, la franchise de suspendre par voie législative, en promulguant la loi des suspects, les garanties octroyées par la Constitution.

De ce qui s'est passé, pendant cette période, je ne pense pas qu'on doive conclure que les attentats à la Liberté sont, en dépit de toutes les Constitutions, des actes qu'on ne peut proscrire ni réprimer et auxquels la justice doit assister toujours en témoin inerte et désarmé.

D'ailleurs, après cette éclipse, le droit à la liberté a été de nouveau solennellement proclamé dans la Constitution de l'an III, et je ne sache pas que nous soyons aujourd'hui, au moins en droit, sous le régime d'une loi des suspects !

Si après les Constitutions nous interrogeons nos Codes, nous trouvons dans le Code pénal un chapitre consacré aux attentats contre la liberté où, nous voyons, dans les art. 114 et suivants, ces attentats qualifiés crimes et réprimés par de rigoureuses pénalités, où, nous voyons aussi les droits des citoyens lésés garantis par la faculté que leur accorde formellement l'article 117 d'exercer un recours devant l'autorité judiciaire.

Si enfin, Messieurs, passant à une époque toute voisine du moment où nous sommes, je recherche ce que pensent de la liberté les plus considérables d'entre les hommes politiques de ce temps, je vois, à la veille des élections législatives de 1898, M. Waldeck-Rousseau lui-même prodiguer avec une ardeur infatigable sa parole et son talent et les mettre au service du grand principe de liberté que nous vous demandons aujourd'hui de défendre contre lui-même. Voici, en effet, ce qu'il disait dans un discours prononcé à une date récente, en 1897 :

« Nous croyons, Messieurs, et je parle ici au nom de
» tous ceux qui m'entourent, qu'aux élections générales pro-
» chaines, par une conséquence inéluctable des questions qui ont
» été posées, nous aurons à combattre, non plus pour des mé-
» thodes, mais pour des idées et des principes essentiels; nous
» aurons à défendre la *liberté individuelle* le droit à la propriété,
» le droit à la liberté du travail, en un mot, messieurs, tout ce
» qui est la grande tradition de la Révolution française, la démo-
» cratie elle-même, contre les entreprises d'une démagogie infi-
» niment dangereuse. » (1)

Voilà, devions-nous penser alors, la liberté bien garantie : elle l'est par les institutions et, si elle était menacée, elle serait défendue par les hommes en qui la République met sa confiance et ses espérances.

Se pourrait-il que dans tout cela il n'y ait qu'une apparence

(1) Discours prononcé par M. Waldeck-Rousseau à la réunion du Comité National Républicain du Commerce et de l'Industrie, à l'Hôtel Continental, à Paris, le 21 février 1897, (publié par l'Association Nationale Républicaine).

menteuse, des phrases vaines, des mots et des garanties illu-
soires ?

Je dois avouer, Messieurs, que si, à côté de l'histoire de la
législation et des discours des hommes politiques, j'interroge
l'histoire des faits, je trouve des choses qui sont de nature à
m'inquiéter et à me déconcerter quelque peu.

Je vous ai montré tout à l'heure, sous la Constitution la plus
éperdument libérale qui ait jamais été promulguée, celle de 1793,
ce qu'on a fait de la liberté et de qu'elle façon on l'a détruite
devant un peuple muet, sans qu'une protestation s'élevât d'une
bouche républicaine. Je sais bien qu'on usait alors de moyens
de persuasion devant lesquels les fronts auraient eu quelque
peine à ne se pas courber. Aussi n'est-ce pas là surtout ce qui
provoque mon trouble et mon étonnement.

Ce qui me frappe, c'est que lorsqu'un régime confisque ou
restreint ouvertement la liberté et, logique avec ses principes,
use des droits qu'il s'est réservés, on voit immédiatement se
dresser, pour protester contre l'arbitraire, une opposition redoutable.

Rappelez-vous ce qui se passait sous le second Empire. Avec
quelle ardeur, avec quelle véhémente éloquence, chaque fois
qu'une atteinte à la liberté se produisait, le parti d'opposition se
soulevait en un faisceau compact pour flétrir les actes du pouvoir et défendre ceux qui en étaient les victimes.

Il semble, au contraire, que, par un singulier illogisme,
dès qu'on nous affirme que nous avons des institutions qui garan-
tissent la liberté, nous subissons sans murmures, sans colère et
sans révolte, les pires et les plus audacieuses atteintes aux droits
que les lois nous promettent. Et ce sont les mêmes hommes qui
étaient naguère si jaloux de la liberté qui la violent sans scrupules
au milieu de l'indifférence de tous !

Quel est donc, Messieurs, il est permis de se le demander, le
culte étrange et intermittent que ces hommes ont pour la liberté ?
Qu'ils prennent garde qu'on ne pense qu'ils ne jugent la liberté
précieuse que quand ils ne sont pas assez forts pour s'emparer
du pouvoir de la détruire à leur profit, et qu'ils ne la réclament
que comme un moyen de devenirs maîtres de la sacrifier à
l'intérêt de leurs ambitions satisfaites !

Il faut croire, hélas! que les peuples seront éternellement dupes des apparences et des mots. Comment, sans cela, comprendre que l'on ait pu accomplir les actes dont nous nous plaignons sans soulever l'indignation publique?

Je pense, Messieurs, qu'il faut réagir contre cette inertie de l'opinion.

M. LE PRÉSIDENT. — Arrivez un peu au procès!

Mᵉ Henry BONNET. — J'y arrive, M. le Président, et je crois que les observations que je présente sont utiles, car elles montrent combien il était nécessaire de faire ce procès et de fournir à la justice une occasion de rappeler ceux qui gouvernent au respect des droits des citoyens.

Après la plaidoirie si complète, si intéressante et si lumineuse de mon confrère et ami Mᵉ Tavernier, ma tâche est singulièrement simplifiée et je n'aurai pas à abuser longtemps de la bienveillante attention du Tribunal.

J'ai à vous démontrer que la mise en cause de M. Waldeck-Rousseau s'imposait, qu'en fait elle est justifiée et qu'en droit vous êtes compétents aussi bien à son égard qu'à l'égard de M. le Préfet de police Lépine. J'entends soutenir, sans atténuer les fautes personnelles graves qui ont été commises par le Préfet de police et les commissaires de police que nous avons assignés, que l'auteur principal responsable au premier chef des abus de pouvoir et des illégalités que nous vous signalons est incontestablement M. le ministre de l'Intérieur.

Je pourrais, Messieurs, me dispenser, quant à présent tout au moins, de vous démontrer l'existence et la gravité des fautes que nous imputons à M. le Président du Conseil: vous n'êtes, en effet, saisis que d'une question de compétence, et il suffit qu'à tort ou à raison nous alléguions la participation directe du ministre dans les actes que nous incriminons pour que, si ces actes sont de ceux qui ouvrent un recours devant les tribunaux judiciaires, vous deviez retenir l'affaire pour l'examiner au fond, sauf à dire ensuite si oui ou non nos affirmations sont justifiées.

Mais il ne me convient pas de laisser de côté, même aujourd'hui, cette partie de la démonstration que j'ai à faire. Il faut qu'on sache tout de suite comment les arrestations ont été faites et quelles sont les responsabilités qu'elles engagent.

Tout le monde connaît, à l'heure où je parle, la genèse du complot qui a servi de prétexte à 75 arrestations pour aboutir à des poursuites contre 17 personnes et à la condamnation de quatre. Vous savez que les poursuites ont été en réalité commencées au mois de février 1899, date de la première arrestation de MM. Déroulède et Habert. A ce moment, vous vous souvenez que tous deux ont soutenu qu'il y avait eu complot. Mais le ministère public ne voulut rien entendre, et le gouvernement d'alors, qui était composé d'aussi fermes républicains que ceux qui allaient bientôt leur succéder, n'a pas cru qu'il avait le devoir de sauver la République menacée.

Le ministère Dupuy tomba et on vit s'installer au pouvoir le plus extraordinaire et le plus paradoxal cabinet que jamais on ait encore vu.

Je rappelle que, depuis février 1899, on avait fait des instructions judiciaires, des perquisitions, qu'on avait exercé des poursuites contre les Ligues tenues pour suspectes, qu'au mois de mars 1899 M. le Préfet de police avait adressé un rapport sur les prétendues menées qui mettaient en péril la République, et qu'enfin depuis 1898 M. Hennion rédigeait, au jour le jour, les fameuses notes qui lui ont valu une si éclatante notoriété.

J'appelle ici l'attention sur les dates, elles sont intéressantes.

Le 30 juin 1899, les Chambres étaient à la veille de se séparer; M. Pourquery de Boisserin adressa au gouvernement une question et demanda s'il n'était pas utile que le Parlement restât en session. Le gouvernement répondit : « Mais non, vous pouvez rentrer chez vous ; la République et le pays ne courent aucun danger. »

Tout à coup, au commencement du mois d'août, alors que, comme je viens de vous l'indiquer, la justice était depuis plusieurs mois saisie, qu'elle avait fait toutes les investigations que vous savez et n'avait rien découvert de sérieux, le gouvernement s'avisa qu'il avait le pressant et impérieux devoir de sauver la République. . . .

Si on avait voulu procéder avec quelque prudence et se mettre en garde contre d'inexcusables abus, il fallait confier au pouvoir judiciaire le soin de prendre, dans son indépendance et sous sa responsabilité, les mesures qu'on croyait nécessaires. Mais ce qu'on voulait accomplir, ce n'était pas une œuvre de justice, c'était une œuvre d'intimidation. On voulait qu'un matin, brusquement, la France étonnée et troublée apprit que la vigilance du gouvernement avait mis la main sur une multitude de dangereux conspirateurs, et mesurât l'importance du péril dont on avait préservé la République et les libertés publiques à la promptitude avec laquelle on n'avait pas hésité à sacrifier la liberté de quelques-uns. Aussi, au lieu de demander à M. le Procureur de la République de confier à un juge d'instruction, par un réquisitoire régulier, la mission d'ordonner les arrestations nécessaires, après vérification des charges pesant sur les prétendus coupables, on pria simplement celui-ci de se borner à rédiger à l'avance son réquisitoire pour être prêt à le déposer à l'heure voulue, et on eut recours, pour s'assurer, sans perdre un instant, d'une abondante fournée de conspirateurs et frapper ainsi l'opinion, à un agent probablement plus docile, moins indépendant et moins scrupuleux sur l'admission des charges que ne l'eût été un juge d'instruction.

Il existe, vous le savez, dans notre Code d'instruction criminelle un article rarement appliqué, l'article 10, qui autorise le Préfet de police à Paris à délivrer des mandats d'amener ; il y a été inséré par la volonté très nette et très énergique de l'Empereur Napoléon Ier, malgré d'assez vives résistances. Vous savez aussi que, pour qu'on puisse agir en vertu de cet art. 10, il faut que la justice ordinaire ne soit pas saisie. On aurait donc dû se demander si, après tous les actes accomplis par l'autorité judiciaire, l'intervention du Préfet de police n'était pas d'une légalité contestable. On ne s'arrêta pas à ces vétilles, et grâce à cet article, ce qu'un juge d'instruction n'eût pas consenti à faire, au moins avec la même promptitude, le Préfet de police l'accomplit sur une injonction impérieuse de son chef, M. le Ministre de l'Intérieur. Et c'est ainsi que dans la nuit du 11 au 12 août, au mépris de toutes les règles sur l'inviolabilité du domicile, 75 personnes furent incarcérées. Ce fut une véritable râfle, faite sans discernement et au hasard. Et cette inconcevable opération de police mit sous les verroux non pas seulement des bourgeois, mais des ouvriers, parmi lesquels, dans le tas, un socialiste-révolutionnaire, l'un des frères Dorinex qui est au nombre de nos clients et à qui ses opinions auraient dû cependant valoir la protection d'un au moins des membres du cabinet. . .

Le 12 août, à 10 heures du matin, M. le Procureur de la République déposait son réquisitoire aux mains d'un juge d'instruction qui faisait subir aux inculpés un interrogatoire de pure forme et délivrait contre tous des mandats de dépôt.

Je dis que cette façon de procéder constitue le plus certain et le plus audacieux attentat à la liberté individuelle et que, de cet attentat et des graves préjudices qui en ont été la conséquence, M. le ministre de l'Intérieur est incontestablement responsable.

Qu'on ne vienne pas prétendre que la loi a été observée, au moins en la forme, et qu'il y a eu un interrogatoire : l'interrogatoire prescrit par la loi doit être fait dans des conditions qui permettent au juge de savoir s'il y a charges suffisantes, et au prévenu de se défendre et de se justifier. Il ne suffit pas de dire, ce que l'on a fait : « Vous êtes accusé de complot, » d'entendre cette réponse : « Je suis innocent, je ne fais partie d'aucune Ligue ni d'aucun comité. » pour pouvoir délivrer un mandat de dépôt dans des conditions régulières. . . .

M. LE PRÉSIDENT. — Vous n'avez pas mis le juge d'instruction en cause ; par conséquent, laissons cela de côté.

Mᵉ Henry Bonnet. — Permettez-moi de vous dire, M. le Président, que, si nous n'avons pas mis le juge d'instruction en cause, c'est parce que nous avons estimé que les conditions dans lesquelles l'instruction a été ouverte, dans lesquelles le juge a été saisi et a été appelé à faire ses interrogatoires, étaient telles qu'il ne pouvait pas matériellement faire autre chose que ce qu'il a fait, et que par conséquent la responsabilité de tout incombe et remonte à M. le ministre de l'Intérieur. C'est pour cela que j'insiste sur les conditions dans lesquelles il a été procédé à des semblants d'interrogatoires, non pas pour en faire un crime à M. le juge d'instruction, puisque nous ne l'avons pas mis en cause, mais parce que j'estime qu'il résulte des circonstances dans lesquelles les arrestations ont été faites, de la précipitation

avec laquelle on y a procédé contre 75 personnes qu'on a ame-
nées en même temps au juge, que celui-ci n'a eu ni le temps
matériel, ni la liberté morale nécessaire pour examiner la situation de chacun, comme il aurait eu le devoir de le faire. Je soutiens que la responsabilité de M. le ministre de l'Intérieur s'étend
à tous les actes qui ont été accomplis même après les arrestations et après l'ouverture de l'instruction et, en insistant sur ces
actes, je suis, par conséquent, dans ma tâche et dans mon
procès.

Pour se dégager de cette responsabilité, il faudrait que M. le
Président du Conseil vînt dire : « Je n'ai rien prescrit, rien réglé,
rien su et rien voulu savoir. » Vous savez par ses conclusions
qu'il ne tient pas un pareil langage. S'il le tenait, nous aurions,
d'ailleurs, quelque peine à prendre au sérieux une aussi invrai-
semblable déclaration.

Donc il est bien responsable et je répète une fois encore qu'il
n'a pas seulement la responsabilité des instructions générales ; il
partage avec ceux qui ont eu le tort de lui obéir, alors qu'ils
devaient avant tout obéir à la loi, la responsabilité des mesures
et des détails d'exécution.

Pour en finir avec cet exposé, je n'ai plus qu'à vous dire un
mot des conditions particulières dans lesquelles ont été opérées
les arrestations des deux demandeurs dont les intérêts me sont
plus spécialement confiés. Ces deux demandeurs sont M. Alphonse
Violet et M. Lefebvre.

En ce qui concerne M. Alphonse Violet, on n'avait contre lui
qu'un rapport sans indication d'origine et écrit à la machine,
analogue à celui qui a été fait contre Maillard et que vous a fait
connaître mon confrère, Me Tavernier ; seulement ce rapport est
d'une précision qui confond, quand on sait qu'il ne contient pas
un mot de vérité. Le voici :

« Violet Alphonse dit « Ravachol » est, comme son frère
» François-Eugène, meneur de viandes, chez M. Léjean, entre-
» preneur de transports pour les abattoirs.

» C'est un homme violent, ivrogne, batailleur.

» Il est depuis longtemps déjà un des acolytes de Guérin
» qu'il a connu à l'époque où le marquis de Morès faisait de la
» propagande antisémite aux abattoirs de la Villette.

» Depuis la mort du marquis, il est resté l'un des gardes du
» corps de Guérin. Il accompagne celui-ci dans toutes les mani-
» festations sur la voie publique et dans les réunions où, à défaut
» du talent de la parole, il fait valoir l'excellence de ses poings
» et de ses pieds.

» Il a suivi toute la campagne électorale du comte Sabran de
» Pontevès. Il était avec Guérin prêt à faire le coup de feu, lors
» de la tentative d'embauchage militaire de Déroulède le jour
» des obsèques du Président Félix Faure. Enfin sa présence a
» été remarquée aux réunions de la salle Chaynes des 20 février
» et 26 mars derniers, et à celle de la salle des Mille-Colonnes,
» le 6 mai suivant.

Marié, père de 5 enfants, il demeure depuis environ 2 ans,
» rue de l'Argonne, 24, au loyer annuel de 250 fr.

» Il est né à Dammartin (Seine-et-Marne) le 12 février 1864. »

Voilà le rapport de police, sur la foi duquel, sans contrôle,
on va arrêter un homme il affirme; que Violet était au cimetière
du Père-Lachaise avec Jules Guérin le 23 février, prêt à faire le
coup de feu.

Eh bien, j'ai dans mon dossier, et vous l'y trouverez, la preuve
indiscutable que ce jour-là, 23 février, comme d'ailleurs tous les
jours où on prétend qu'il assistait à des réunions publiques, il
travaillait chez son patron. Celui-ci le déclare et le livre de présence et d'émargement tenu dans sa maison en fait foi.

C'est pourtant sur ces charges que Violet a été arrêté. Voilà
un homme parfaitement rangé, ne s'occupant jamais de politique.
qu'on qualifie, sans aucun prétexte, d'ivrogne et de batailleur et
qui, parce qu'il a plu à un policier anonyme de déclarer qu'il a
pris part à des manifestations auxquelles il n'assistait pas, est
gardé en prison pendant 38 jours, sans qu'à aucun moment on
lui ait fait connaître pourquoi il avait été arrêté. Il avait une
femme, des enfants que son travail faisait vivre. En vain sa
femme a fait des démarches, déclarant au juge d'instruction
que, si son mari n'était pas remis en liberté, elle lui apporterait
ses enfants pour que le gouvernement les nourrisse. On a gardé
ce malheureux qui, je pense, a aujourd'hui quelque droit de se
plaindre et de demander à la justice la réparation du préjudice
qui lui a été causé.

Quand à Lefebvre, c'était un petit patron boucher; il a été arrêté sur un rapport de police égal-ment anonyme qui est ainsi conçu :

« Lefebvre Mathurin-Clément est le beau-frère de la veuve
» Lefebvre, laquelle, depuis la mort de son mari, vit en concubi-
» nage avec le nommé Sevère (Alfred-Félix).

» Ce dernier était autrefois l'employé de cette femme qui est
» établie marchande d'abats et l'on prétend que des relations
» intimes existaient entre eux depuis longtemps.

» Quoiqu'il en soit, Lefebvre vit sur le pied de l'intimité avec
» l'amant de la veuve de son frère. Ils travaillent, croit-on, en
» association et sont presque continuellement ensemble.

» Lefebvre est célibataire et habite rue Compans n° 1 et rue de
» Belleville, 219.

» Sévère, qui est un des plus fidèles acolytes de Jules Guérin,
» l'accompagne dans presque toutes les manifestations de la
» ligue antisémitique.

» On les a vus tous deux dans les réunions tenues a la salle
» Chaynes le 20 février et le 26 mars derniers et à la salle des
» Mille-Colonnes le 6 mai.

» Le 23 février de la présente année, aux obsèques du Prési-
» dent Félix Faure, ils accompagnaient Guérin qui les avait
» spécialement convoqués aux abords du cimetière Lachaise.

» Lefebvre est né à Paris, le 1er septembre 1872.

» Il n'a pas d'antécédents judiciaires. »

Je dois dire que, pour Lefebvre, moins malheureux que Violet, on a bien voulu, le 1er septembre 1899, faire procéder à une nouvelle enquête, à la suite de l'apport qu'on avait fait au juge d'instruction d'un certificat émanant de tous les gens qui, connaissant Lefebvre, affirmaient l'inexistence des accusations portées lui. Voici, Messieurs, le rapport qui a été dressé à la suite de cette enquête ; il mérite d'être connu :

Paris, le 1er septembre 1900.

« Le nommé Lefebvre Mathurin-Clément, né à Paris, le
» 1er décembre 1872, de Jean-Jules et Angéline-Augustine Humain,
» a encore 3 frères et 3 sœurs.

» Celui de ses frères qui est décédé il y a environ 5 ans, Louis-

» Victor, avait épousé une demoiselle Valey, de laquelle il a eu
» deux enfants.

» Victor-Lefebvre avait comme ami intime le nommé Sevère
» (Alfred-Félix) qui habitait comme lui 83, boulevard Sérurier.
» Presque aussitôt après la mort de son mari, la veuve Lefebvre
» alla cohabiter avec Sevère qu'elle n'a plus quitté depuis lors
» et avec lequel elle demeure rue Campans, 52, au loyer annuel
» de 400 fr. Elle a même deux enfants de celui-ci.

» Sevère a toujours été en excellents termes avec les beaux-
» frères de la veuve Lefebvre, notamment avec Mathurin-Clément
» et on pouvait les voir s'entretenir amicalement tous les jours
» au marché, et aller boire ensemble chez les marchands de vin
» du voisinage.

» C'est à tort que le nommé Lefebvre prétend qu'il y a eu
» erreur à son endroit et qu'il a été confondu avec Sevère sous
» prétexte que ce dernier prenait parfois son nom.

» Les renseignements précédemment fournis établissent exac-
» tement la situation respective de l'un et de l'autre.

» Lefebvre a été amené par Sevère à partager ses opinions
» politiques et à fréquenter les autres bouchers de la Villette
» affidés à Guérin. Il s'est toutefois montré, en toutes circons-
» tances, beaucoup moins violent et surexcité que son chef de
» file.

» Au point de vue de sa conduite privée et de sa moralité,
» les renseignements recueillis sur son compte ne sont pas
» défavorables.

» Il n'a pas d'antécédents judiciaires. »

En vérité, on croit rêver quand on voit que c'est sur des
renseignements de ce genre qu'un homme a été emprisonné.

Il importe, en outre, que vous sachiez comment Lefebvre a été
appréhendé. Il a été, au milieu de la nuit, à 2 h. 1/2 du matin,
surpris dans son sommeil par l'invasion dans sa chambre de
5 personnes qui s'y étaient introduites par surprise et qui, ayant
trouvé la clef sur la porte, n'avaient pas même frappé avant
d'entrer. L'arrestation arbitraire et injustifiée se complique donc,
pour Lefebvre comme pour la plupart des autres demandeurs,
d'une violation de domicile bien caractérisée.

Voilà les faits. Se pourrait-il que les citoyens qui ont été ainsi atteints, sans prétexte, dans leur liberté fussent dépourvus du droit de demander, devant une juridiction quelconque, la réparation du préjudice qui leur a été causé?

Je suis convaincu, quant à moi, que vous êtes compétents pour connaître de leur demande, à l'égard de tous les défendeurs assignés et notamment de M. le Ministre de l'Intérieur. Nous invoquons contre M. Waldeck-Rousseau les art. 1382 et 1383 C. Civ., c'est-à-dire des dispositions qui sont en quelque sorte de droit naturel, en tout cas d'ordre public en France, et qui s'appliquent à tous, aux Ministres comme aux simples citoyens.

Je sais bien qu'il y a un principe qui peut, dans certains cas, faire échec, non pas à l'application des dispositions de droit commun et d'ordre public que j'invoque, mais à la compétence des tribunaux judiciaires qui, en règle générale, sont chargés de les appliquer; c'est le principe de la séparation des pouvoirs. Mais il faut préciser la portée de ce principe qui est sans application dans notre affaire. Il a simplement pour effet d'enlever aux tribunaux judiciaires, pour l'attribuer aux tribunaux administratifs, la connaissance des demandes qui ont pour fondement un acte ayant le caractère d'acte administratif. Or, il est certain — et je n'ai pas à revenir sur la démonstration irréfutable qui a été faite à cet égard — il est certain que les actes dont nous nous plaignons ne sont pas des actes administratifs et que les tribunaux administratifs seraient sans aucun doute incompétents pour connaître des actions dont nous vous avons saisis.

Et, si la juridiction administrative n'est pas compétente, il faut, de toute nécessité, que la vôtre le soit. Car il n'est pas possible, il n'est pas admissible qu'un acte, quel qu'il soit, quel que soit celui qui l'a accompli, s'il est la cause d'un préjudice, n'ouvre pas à ceux qu'il a lésés un recours devant une juridiction quelconque, administrative ou judiciaire. — Il n'existe pas, il ne peut pas exister sous la Constitution et les lois qui nous régissent d'abus ou de fautes sans sanction.

Cette affirmation, que je crois, quant à moi, indiscutable, m'amène à examiner la théorie de l'acte de Gouvernement.

Mon confrère Me Tavernier vous a parlé, tout à l'heure, de la prétention qui consisterait à dire que les Ministres jouissent d'une immunité complète, qu'ils ne peuvent pas être traduits

devant la justice pour des actes de leurs fonctions. Il a fait justice de cette prétention et démontré qu'elle n'était pas admissible.

Il faut donc qu'on établisse que certains actes échappent à
toute sanction parce que ce sont des actes de Gouvernement.

Eh bien, j'entends soutenir, dût cette affirmation paraître
quelque peu hardie, que la doctrine des actes de Gouvernement
à l'aide de laquelle on tente de soustraire à l'appréciation de la
justice les actes accomplis dans un but politique, n'a aucun fondement ni en raison ni en droit positif.

Je dis que cette doctrine a été inventée pour la protection de
l'arbitraire et que, de quelque apparence spécieuse ou de quelque
argumentation subtile qu'on la revête, il faut lui restituer la seule
qualification qui lui convienne : c'est la doctrine du bon plaisir.
Elle est insoutenable sous la Constitution qui nous régit.

Voulez-vous me permettre d'en chercher avec vous la formule? Ce sera, je crois, la meilleure et la plus sûre manière de
démontrer qu'elle est impossible à établir et à justifier.

En disant qu'un Ministre ne peut être traduit devant les tribunaux judiciaires, à raison d'un acte qu'il a accompli en se
servant du pouvoir qu'il détient, par ce motif que l'acte dont
s'agit serait un acte de Gouvernement, veut-on dire que cet acte,
s'il a les caractères d'un acte administratif, ne peut être examiné
que par la juridiction administrative? Si c'est ainsi qu'on entend
la théorie, rien de plus juste, rien de moins contestable.

Si l'on veut établir que, sous un régime monarchique absolu
ou sous une dictature, lorsque le pouvoir exécutif est investi de
tous les droits, même de celui de faire la loi, les actes qu'il
accomplira seront sans contrôle, sans recours et sans sanction,
mes instincts d'homme libre pourront se révolter, mais je dois
reconnaître que, sous un pareil régime, nous trouverons faci-
lement la formule de la doctrine que j'examine, parce que nous
serons sous le régime du bon plaisir.

Si l'on veut encore me démontrer que, sous le régime actuel,
le Parlement, investi de la puissance souveraine, peut faire des
lois qui me léseront, sans que je puisse exercer un recours devant
la justice, je n'aurai pas à contester la théorie.

Si on entend soutenir que, sur l'ordre du Président de la

République, après délibération du Conseil des Ministres, le
Ministre de l'Intérieur peut, sans en répondre devant la justice,
prendre un arrêté, comme on l'a fait naguère à l'égard du
prince Napoléon, dans la forme prévue par la Constitution et en
vertu des pouvoirs au moins apparents qu'elle lui donne,
déjà je ferai des réserves. Mais j'admettrai peut-être l'incompétence de l'autorité judiciaire, parce qu'il s'agira d'un acte
que la forme dans laquelle il a été accompli soustrait à son
examen, d'un arrêté dont la légalité ne peut être appréciée par
elle. Mais j'ajouterai qu'il ne faudrait pas, même dans cette
hypothèse, admettre l'incompétence des tribunaux judiciaires
d'une façon trop absolue. Il me parait, d'ailleurs, inutile d'insister
sur l'examen de cette question qui est tout autre que celle que
vous avez à juger.

Si, en effet dans l'espèce qui vous est soumise, on prétend invoquer la théorie de l'acte de Gouvernement, il faudra la formuler
de la façon suivante. Il faudra dire que tout acte d'un Ministre,
accompli sous l'empire de considérations d'ordre politique, est un
acte qui, à raison du motif qui l'a inspiré et parce qu'il aura été
accompli grâce au pouvoir que donne au Ministre sa fonction,
échappe à tout recours devant une juridiction quelconque. — Si
c'est ainsi qu'on la formule oh! alors je me révolte de toutes
mes forces contre la doctrine de l'acte du Gouvernement ainsi
entendue; je la répudie et je dis qu'elle est tout simplement la
négation de la justice, du droit et de tous les principes d'un
régime qui garantit, au moins théoriquement, les droits individuels
et la liberté des citoyens. Si cette théorie ainsi formulée était exacte,
et il faut la formuler de la sorte pour qu'elle vous permette de vous
déclarer incompétents, nous pourrions déchirer nos Constitutions,
lacérer nos Codes. — Rien ne serait plus garanti, ni la propriété,
ni la liberté, ni même la vie des citoyens; il n'y a plus un acte
d'un Ministre qui n'échapperait à toute espèce de sanction.

Ai-je besoin de montrer combien cette théorie serait dangereuse et quelles en seraient les conséquences. Aujourd'hui on a
arrêté des citoyens sans motifs et on les a maintenus 20, 28 ou
38 jours en prison; demain on les détiendra pendant deux ans,
pendant cinq ans, ou même davantage et il suffira de dire :
« C'est pour des considérations politiques et en vertu du pouvoir

que me donne ma fonction de Ministre que j'ai agi. — Mes actes échappent à toute sanction. »

Si on va plus loin, si on se livre sur la personne des détenus à des voies de fait, et, même, il faut aller jusque là, si on les fait assassiner en prison toujours pour des motifs politiques, à ceux qui se plaindront et croiront avoir le droit de s'adresser à la justice on répondra : « Acte de Gouvernement » !

Je défie que l'on me donne une raison de décider différente dans les hypothèses, si invraisemblables et si monstrueuses qu'elles paraissent, que j'imagine, ou dans le cas qui nous occupe.

D'ailleurs, Messieurs, je ne sais pas pourquoi j'insiste autant pour vous démontrer que vous êtes compétents.

On vous a lu tout à l'heure des arrêtés du Tribunal des Conflits qui ne permettent pas la discussion. Mais il y a quelque chose de plus décisif encore ; c'est un texte de loi formel. Si, en effet, nous ouvrons le code pénal, nous y trouvons l'article 117 qui dit qu'en cas d'attentat à la liberté, les parties lésées auront le droit d'agir soit devant la juridiction criminelle si elle est saisie, soit devant les tribunaux civils. Comment, en présence de ce texte, soutenir que, quand nous alléguons qu'il y a eu atteinte à la liberté de nos clients, ceux-ci n'auront pas un recours devant votre juridiction soit en vertu de l'article 1382 C. C., soit en vertu de l'article 117. C. P. qui est aussi clair et aussi formel que peut l'être un texte de loi ?

Voilà, Messieurs, notre procès. En vérité, je me demande s'il était bien utile de discuter toutes les subtilités juridiques à l'aide desquelles on essaie de le compliquer et de l'obscurcir. J'aurais peut-être pu et dû me borner à vous dire : Voilà les faits, voici la question qui vous est soumise ; vous êtes des juges, c'est-à-dire le pouvoir qui dans sa sphère est au-dessus de tous les autres, le pouvoir souverain et indépendant qui n'est subordonné à aucun autre et n'est le serviteur que de la justice et de la loi. Il n'est pas possible que vous refusiez l'accès du prétoire aux demandeurs qui sont à votre barre, et que vous ne leur accordiez pas les réparations qu'ils demandent en invoquant les principes les plus certains du droit.

Et c'est ainsi que je termine cette trop longue plaidoirie.

Voilà des citoyens qui, parce que le Gouvernement avait besoin, pour défendre sa situation menacée, de paraître sauver la République et en réalité d'intimider l'opinion publique, ont été arrachés la nuit de chez eux, arrêtés sans prétexte, incarcérés sans l'apparence d'un examen des charges qu'un rapport de police anonyme avait échafaudées contre eux. Pendant 20, 28, ou 38 jours on les a gardés en prison, sans qu'une seule fois on leur ait expliqué, en les mettant à même de se défendre, pourquoi ils étaient détenus. On a accompli ces actes arbitraires de telle façon, en si grand nombre et avec une si incroyable précipitation que le juge d'instruction a été, comme je vous le disais tout à l'heure, impuissant à remplir son devoir. Puis, et je regrette d'avoir à faire cette constatation, quand, au nom de ces malheureux, on est venu demander des mises en liberté provisoires, on s'est heurté à cette étonnante déclaration de M. le Procureur de la République qu'on vous a déjà lue et qui ne peut s'expliquer que par une déférence, que vous jugerez sans doute excessive, pour les désirs du gouvernement : « Il serait à craindre, a-t-il dit, que les inculpés allassent se joindre à Guérin pour l'aider dans sa résistance. Il se peut qu'ils ne soient pas coupables, mais nous les garderons comme otages au moins jusqu'au jour où le fort Chabrol aura capitulé ».

Et c'est seulement après 20, 28 ou 38 jours qu'on a bien voulu reconnaitre, sans qu'il ait été nécessaire pour cela de les interroger, qu'il n'existait contre eux aucune charge et qu'on les a relachés.

Voilà ce qu'a fait ou fait faire M. le Ministre de l'Intérieur.

Or nous vous démontrons que, contre ceux au moins pour lesquels nous plaidons, tout cela n'était justifié par aucun prétexte, qu'aucun d'eux ne faisait partie d'aucune ligue, d'aucun comité, qu'aucun n'avait assisté aux incidents du 23 février ni à aucune réunion publique, que tous étaient des travailleurs paisibles ayant besoin de leur travail pour vivre et ne s'occupant même pas de politique, ce qui eût été leur droit de citoyens.

Et l'on viendrait nous dire qu'atteints ainsi dans leurs intérêts matériels, dans leur liberté, dans l'inviolabilité de leur foyer, enlevés aux femmes et aux enfants que leur travail faisait vivre, ils ne trouveront pas un tribunal pour entendre leurs plaintes et leur rendre justice !.... Car c'est bien là, et j'y reviens toujours, ce qu'on vous demande de décider en vous déclarant incompétents.

J'ai la certitude, Messieurs, que vous ne le ferez pas et que vous ne mettrez pas votre signature au bas d'une pareille sentence !

Je ne veux pas insister davantage. Qu'il me soit seulement permis de dire que, si vous rendiez un jugement contraire à celui que nous attendons de vous, j'en éprouverais pour ma part une profonde tristesse, et je crois que cette tristesse serait partagée par tous ceux qui pensent et espèrent qu'il reste aux droits des citoyens et à la liberté individuelle une dernière garantie.

Si, Messieurs, on doit perdre cette croyance, les violents seront tentés de se souvenir des articles 33 et suivants de la Constitution de 1793 qui proclamaient que la résistance à l'oppression est un droit et que, quand le gouvernement viole les droits des citoyens, l'insurrection est le plus sacré et le plus indispensable des devoirs.

Les résignés reliront un autre article, l'art. 376 de la Constitution de l'an III dans lequel il est dit que « les citoyens devront sans cesse se rappeler que c'est de la sagesse de leurs choix dans les assemblées primaires et électorales que dépendent principalement la durée, la conservation, la prospérité de la République » ; et ils feront cette constatation philosophique mais un peu décourageante que les Constitutions ne valent que ce que valent les hommes qui sont chargés de les appliquer.

Enfin ceux qui ne sont ni des violents ni des résignés méditeront cette parole que j'emprunte, pour finir, à M. Waldeck-Rousseau lui-même et que je trouve dans un discours qu'il a prononcé à Roanne le 15 novembre 1895 : « Le jour où les gens de bien feront, pour se défendre, la dixième partie de l'agitation qu'on fait pour les menacer ils seront les maîtres ; ils sont le nombre et ils sont la force. »

www.ingramcontent.com/pod-product-compliance
Lightning Source LLC
Chambersburg PA
CBHW070909210326

41521CB00010B/2115